改訂版

# もしも、こんな英語の授業に出会っていたら？

What if you had taken such English lessons like these?

英語の「なぜ？」を解き明かす55の秘話

各務 行雅
Yukimasa Kagami

# はじめに

　数年前、ある大手英語教材会社が実施した「英語学習に関するアンケート調査」で、中学校2年生の実に6割以上の生徒が「英語が嫌いで、不得意だ」と答えていました。理由は「文法がわからない」とか「単語が覚えられない」が主なものでしたが、正直、私は大変な衝撃を受けました。それは、英語は世界で1番よく使われる言語（国際語）になって久しく、また現代および将来においても恐らく英語でコミュニケーションすることは避けて通れなくなっていくと考えられているにもかかわらず、実際は英語を嫌いになる生徒が増えているのではないかと危惧したからです。

　それに、2013年12月に文部科学大臣が公表した方針は、小学校3～4年生で週に1～2回程度の「外国語活動」を、5～6年生では必修科目として「英語」を週に2～3回程度を東京オリンピック開催の2020年度までに目指すことになり、本格的に英語が教科として認められる動きになってきました。英語を学ぶことが楽しくて楽しくてしょうがないという児童ばかりだといいのですが、大人の期待に反して、現実には英語が嫌いになってしまう児童は少なくないと聞いています。

　現在、私は大学で英語を教える教師です。私が中学校で英語を学習し始めたのは、今から30年以上も前のことですが、当時は英語の単語を発音したり、書いたりすること自体が楽しくて仕方がありませんでした。一方、私の子どもが中学生だった頃、その英語学習姿勢を傍らで見ていると、学校の授業で習っているにもかかわらず、文法的なミスをよくしていましたし、英文法についてよく私に疑問を投げかけてきました。今では、子どもがどうして英文法のミスをするのか、私自身が中学生だった当時よりも一層よくわかってくるようになりました。

　ところが、それから30年以上も経過した現在の中学校で教えられている英語は「暗記中心の文法学習」のように思われ、英語を初めて習う中学生が抱く素朴な疑問（実を言うと日本人の大人の多くが中学生だったときに感じた疑問）にあまり答えてくれていないようで、授業は生徒が疑問を

抱いたまま次の単元にどんどん進んでしまうことがわかりました。

　たとえば、現在形と現在進行形の違いや過去形と現在完了形の違いについてみなさんはきちんと理解できているでしょうか。教室の中で"What do you do?"と聞かれて、"I'm studying English."と答えていませんか。あるいは、父親の職業を聞かれて、"My father is working at a bank."と答えると、どこが不自然かわかりますか。それに、"Spring came."と"Spring has come."では意味がどのように違うのでしょうか。

　今こうして、子どもが時折私に投げかけた英語の文法や発音に関するさまざまな疑問一つ一つに対して丁寧に答えているうちに、初歩的な疑問についてわかりやすく紹介している本はないものかと探すようになりました。もしも、私自身が中学生の頃、英語の授業がこんな感じだったら、もっと英語に興味や関心が持てて、もっと楽しく英語を学ぶことができたのではないか、というように考えるようになったのです。

　それと同時に、長い間大学等で英語を教えていると、「こんなふうに英語の授業を教えて欲しかった」とか「こんな内容の英語授業だったらもっと英語に興味が湧いたのに」などといった感想や意見を学生さんからもらうことが多くなってきました。

　本書は、現在中学校や高校で英語を学んでいる生徒さんはもちろんのこと、中学・高校時代に英語が苦手で、もう一度英語学習をやり直したいと考えている方に、少しでも英語に興味や関心を抱いて、英語を楽しく学習できるような英語にまつわる話を初め、教科書や参考書にあまり載っていないような英語の「なぜ？」にお答えする55の秘話を楽しく、かつわかりやすく紹介・解説しています。従来の受け身的な英語「学」習から本来の能動的な意味で英語「楽」習に変えられるような英語の世界へ皆さんをご招待いたします。

各務　行雅

# 目　　次

はじめに　*1*

第1章　英語の文字・語彙と歴史　*8*
 1. 大文字と小文字の秘話　*8*
 2. 語彙の秘話（1）：品詞（単語の分類）　*9*
 3. 語彙の秘話（2）：name と名前　*10*
 4. 語彙の秘話（3）：曜日名と月名　*12*
 5. 語彙の秘話（4）：外国語になった日本語　*15*
 6. 名詞の秘話：単数形と複数形　*20*
 7. 派生語の秘話　*22*
 8. 英語の歴史　*25*
 9. 言語の現在と将来　*28*
 10. 接頭辞と接尾辞と語幹（語根）の秘話　*29*

第2章　英語の発音とリズム　*34*
 11. 日本語の五十音図から学ぶ英語発音　*34*
 12. 英語らしい読み方（1）：強勢拍リズムと音節拍リズム　*37*
 13. 英語らしい読み方（2）：内容語・機能語と漢字・仮名　*40*
 14. 英語らしい読み方（3）：等時性のリズム　*43*
 15. 英語らしい読み方（4）：音調核　*44*
 16. 英語らしい読み方（5）：複合語と名詞句　*47*
 17. アクセント移動の秘話：Japanese students の読み方　*48*
 18. 三拍子の英語の歌の秘話　*52*
 19. リエゾン（音の連結）の秘話　*55*
 20. 英語フォニックスの秘話　*57*
 21. 発音（連声）の秘話　*61*
 22. 音韻の秘話：頭韻と脚韻　*63*
 23. 強形・弱形と曖昧母音の秘話　*68*
 24. 英語発音の大変身の秘話　*71*
 25. 黙字（発音しない文字）の秘話　*75*

第3章　英語の文法と表現　*77*
　26. 挨拶の秘話：最初の授業から間違いが始まった！　*77*
　27. 不定冠詞と定冠詞の秘話　*79*
　28. 語順の秘話（1）　*82*
　29. 語順の秘話（2）　*86*
　30. 前置詞の秘話：in / at / on はどう区別するの？　*88*
　31. 否定疑問文と Yes / No の秘話：相手中心と自己中心　*90*
　32. 現在形と現在進行形の違い：習慣と動作　*91*
　33. 現在完了形と過去形の違い　*93*
　34. 能動態と受動態（受身形）の違い　*96*
　35. 完了と未完了の違い：過去形と現在形　*98*
　36. 仮定法現在（原形動詞）と命令文（時制）　*101*
　37. "I know Ichiro." ってどこが変なの？　*103*
　38. 「仮定法」って話し言葉で使えるの？　*104*
　39. because / since / as はどう区別するの？　*106*
　40. 「関係代名詞」って使えるの？　*107*

第4章　英語と日本語のおもしろ比較　*110*
　41. 日英語比較の秘話（1）：「私・あなた」と "I / You"　*110*
　42. 日英語比較の秘話（2）：状況描写言語と行動要求言語　*113*
　43. 日本語の「ん」は6種類もあるの？　*115*
　44. 日本語の「どうも」は英語で7通りの意味があるの？　*116*
　45. 26文字のアルファベットと五十音　*117*
　46. 英語に敬語はあるの？　*120*

第5章　アメリカ英語とイギリス英語のいろいろ比較　*123*
　47. アメリカ英語とイギリス英語の名詞比較　*123*
　48. アメリカ英語とイギリス英語の発音比較　*124*
　49. アメリカ英語とイギリス英語のアクセント比較　*126*
　50. アメリカ英語とイギリス英語の語彙・表現の比較　*128*

第6章　英語と日本語のおもしろ発見　*130*
　51. 4文字言葉と四拍子の秘話　*130*

52. 同音異義語の秘話　*132*
53. 日本語式の読み方の秘話　*136*
54. 身の周りに氾濫する間違い英語表示の秘話　*137*
55. 英語は正確で日本語は曖昧なの？　*141*

Samuel Ullman による英詩"Youth（青春）"　*144*

おわりに　*146*

参考文献　*149*

英語の「なぜ？」を解き明かす５５の秘話

# 第1章　英語の文字・語彙と歴史

## *1. 大文字と小文字の秘話*

　中学校へ入って真っ先に覚えるのが英語のアルファベットですよね。英語のアルファベットはラテン語の文字が元になっています。5世紀ごろまではアルファベットの大文字しかありませんでした。その後、9世紀ごろには現代のような小文字が完成されたと考えられています。

　中学校では最初にブロック体の大文字を、次に小文字を習います。大文字のA〜Zはすべてペンマンシップの4線の下から2番目の線と1番上の線の間に書くので、覚えるのはそれほど難しくはありませんが、小文字のa〜zは下から2番目の線を下へ突き出す文字があったり、空間の中に収める文字があったりして、覚えるのはそれほど容易ではなかったように記憶しています。当時の英語の先生は、アルファベットの書き順を教えてくださいましたが、実を言うと欧米では書き順は存在しません。書いた文字が読めればそれでいいのです。それに、欧米の子どもが書くのは大文字と小文字が混在していて、私たち日本人にとって大変読みにくいのです。もちろん、混在文字に慣れると苦にはなりませんが、初めて見るとまるで記号を解読するかのようです。

　さて、私が中学生だったときは、大文字と小文字の筆記体を覚えました。今は筆記体を教えていないそうですが、当時はブロック体と筆記体の両方を練習しなければいけなかったのです。JapanやEnglishという単語は大文字で書き始めること、人名や文頭の文字も大文字にすること、主語のIは常に大文字であることなど、いろいろな約束ごとがあって結構面倒だなあと思ったものです。

　最近の大学生が書く英語を見ると、Japanを小文字でjapan，Chinaを小文字でchinaと書いているのを目にします。そのたびに、小文字で書くと「漆器」や「陶器」を意味するので、区別が必要だと教えます。Smithでも小文字smithと書けば「鍛冶屋」のことだと言うと学生は驚きます。Johnは人名ですが、johnと小文字で表記すると「便所」を意味すると聞

いたら、もっと驚きますよね。学生は英語の文字はどちらでもいいと思っているのですが、もし、中学校で大文字と小文字の違いを教えてもらっていたら、もっと興味が深まっていったと思いますね。

そう言えば、Japanese とよく似た単語で Javanese があることを知っていますか。Java は「ジャワ島」で、Javanese は「ジャワ人」を意味します。わずか p と v の違いなのですが、英語ではよく似ていますね。

それに English は「イングランドの言語（英語）」なのですが、Inglish は「インド人英語」で発音が同じだと気づくとますます英単語の世界が広がっていくように感じますね。

## 2. 語彙の秘話（1）：品詞（単語の分類）

中学校の国語の授業で、国文法では、名詞、形容詞、動詞、副詞、接続詞、感動詞、助詞、助動詞の8種類の語に分け、これ以外に代名詞、形容動詞、連体詞の3種類を加えると合計で 11 種類があることを学びます。一方、英語の授業では、名詞、代名詞、形容詞、動詞、副詞、接続詞、前置詞、間投詞の8種類があると習います。ただし、通常、冠詞や助動詞なども英語の授業でよく見聞きしますので、合わせると 10 種類になります。

日本語の 11 種類と英語の 10 種類なら、品詞数にあまり違いはないのではないかと気づきます。両言語の発音や文法などに大きな違いがあるのに対し、単語の分類となるとそれほど違わないのですね。まして、名詞、代名詞、形容詞、動詞、副詞、接続詞、助動詞（日本語と英語で異なる）、感動詞/間投詞の8つは、日本語と英語に共通していて、共に欠かすことができない文の構成要素であるわけです。

次ページの表1に、具体的に語句や単語を入れて品詞を比較してみました。日本語にあって英語にない品詞は、形容動詞、連体詞、助詞の3つで、逆に英語にあって日本語にない品詞は冠詞と前置詞の2つです。さらに、国語の授業で習った自立語と付属語を思い出してみましょう。

広辞苑によれば、自立語は「単独で文節を構成できる語」で、付属語は「自立語に付属して文節を構成する語、助詞・助動詞の類」と出ています。

表1：日本語と英語の品詞比較

| 日本語 | | 品詞 | 英語 | |
|---|---|---|---|---|
| 語句 | 自立語・付属語 | | 内容語・機能語 | 単語 |
| 学校 | 自立語 | ①名詞 | 内容語 | school |
| 赤い | 自立語 | ②形容詞 | 内容語 | red |
| 静かだ | 自立語 | ③形容動詞 | | |
| 笑う | 自立語 | ④動詞 | 内容語 | laugh |
| 速く | 自立語 | ⑤副詞 | 内容語 | quickly |
| しかし | 自立語 | ⑥接続詞 | 内容語 | but |
| ああ | 自立語 | ⑦感動詞（間投詞） | 内容語 | oh |
| 私、あなた | 自立語 | ⑧代名詞 | 機能語 | I, you |
| この、あの | 自立語 | ⑨連体詞（代名詞） | 内容語 | this, that |
| れる、ます | 付属語 | ⑩助動詞 | 機能語 | can, will |
| が、を | 付属語 | ⑪助詞 | | |
| | | ⑫冠詞 | 機能語 | a, the |
| | | ⑬前置詞 | 機能語 | at, in, on |

　一方、英語では自立語・付属語といった区別ではなく、内容語・機能語という区別をします。内容語と機能語は「13. 英語らしい読み方（2）」で詳述しますが、2つに大別するのは日本語も英語も同じなんですね。

　そして、日本語の自立語は英語の内容語に、日本語の付属語は英語の機能語にほぼ相当しているのです。これは単なる偶然だとは思えません。言語は異なっていても、言葉（単語）の分類の仕方や働きによる区別には大きな違いがないということです。

## 3. 語彙の秘話（2）: name と名前

　筆者が生まれて初めて英語で「名前」という単語を習ったとき、実際にアルファベットで書いてみて、ふとあることに気づきました。それは、英語では name と書きますが、日本語（ローマ字）で書くと namae になりますよね。a があるかないかで、見た目はほとんど同じなのです。実に不

思議ですね。私は最初、これは偶然の一致なのかと思いました。ちなみに、他の言語を見てみましょう。

表2：7言語による「名前」

| 英　語 | ドイツ語 | フランス語 | スペイン語 | イタリア語 | インドネシア語 | フィンランド語 |
|---|---|---|---|---|---|---|
| name | Name | nom | nombre | nome | nama | nimi |

　親戚語のドイツ語では「ナーメ」とローマ字式に発音しますので、大変覚えやすいです。このようなヨーロッパ言語は兄弟語と言われているので、本当によく似ていますよね。それに混じってインドネシア語やフィンランド語も似ていますね。よく見ると、母音以外は子音のnとmが使われています。
　また、お隣の中国語は「名字（ミンツー）」で朝鮮・韓国語では「名前（イ$_ル$ム）」と言いますから、世界の言語のルーツを辿っていけば、もともと最初は1つの言語から出発して、それが何千年にも及ぶ長い歴史を経ていろいろな地域や国へ伝播していったではないかと考えられます。
　次に、表3の「父」と「兄弟」の単語を見比べてみましょう。

表3：8言語による「父」・「兄弟」の例

| 英　語 | ドイツ語 | オランダ語 | フランス語 | スペイン語 | イタリア語 | ギリシャ語 | ラテン語 |
|---|---|---|---|---|---|---|---|
| father | Vater | vader | père | padre | padre | patēr | pater |
| brother | Bruder | broeder | frère | hermano | fratello | phrātēr | frāter |

　これほどまでに単語がよく似ているので、ヨーロッパの言語が親戚語であることが一目でわかりますね。中でも、英語・ドイツ語・オランダ語はゲルマン語派に、フランス語・スペイン語・イタリア語・ラテン語はイタリック語派に属します。ただし、ラテン語は死語で、現在では使われていません。そう言えば、オランダ語は江戸時代に蘭語（正式には、阿蘭陀語）と呼ばれていて、1734年に杉田玄白と前野良沢の2人が訳した『解体新書』を思い出しますが、ドイツ語と本当によく似ていますね。英語とドイ

ツ語とオランダ語の3言語は兄弟語であると言えます。

　日本国内の日本語においても細かく数えれば何百という方言があり、語彙やアクセントも違っていて、それぞれ特徴を持っています。私の出身は岐阜県多治見市ですが、以前私の親戚が福井県に住んでいて、夏休みに友人と遊びに行ったとき、朝方近所のおばさんたちの話していた福井（三国）弁がまったく聞き取れなかったことを覚えています。1つ県を越えると言葉がもう理解できないものなのかなと思ったものです。

　前ページの表2にインドネシア語がありますが、この地域の言語はインドネシア語派と呼ばれていて、インドネシア共和国を中心にマレー半島、インドシナ半島、フィリピン、マダガスカル島、台湾、ミクロネシア西部などの大変広い範囲にまで及び、インドネシア共和国だけでもなんと800以上の言語があるとされています。きっと山を1つ越えれば言葉が通じないといった感じなのでしょう。

## 4．語彙の秘話（3）：曜日名と月名

　中学校で英語を習い始めると、すぐに曜日名や月名の単語が一挙に登場します。日本語では、「日・月・火・水・木・金・土」の後に「曜日」をつけますが、英語では、主に神話に出てくる神の名前に「日」をつけることが多いようです。

　たとえば、SundayはSun（太陽）から、Mondayはmoon（月）から、TuesdayはTues（チュートン族の軍神）から、WednesdayはWednes（ゲルマン神話の神ウォーデン）から、ThursdayはThurs（北欧神の雷神トール）から、FridayはFri（北欧神話の女神）から、SaturdayはSaturn（ローマ神話の農耕の神サトゥルヌル）からできています。

　SundayやMondayは太陽や月と関係していますが、私が中学生の頃、土曜日が土星と関連していることは知りませんでした。単に覚えるのではなく、神話や惑星から関連付けるとわかりやすいですね。

　そう言えば、中学生の時にある学習参考書ガイドに英語による曜日の覚え方が載っていたことを思い出しました。それは、

日の光がさん　サンデー
　　月夜にお酒を飲　マンデー
　　火事に水を　チューズデー
　　水田に苗を　ウェンズデー
　　木刀を腰に　サーズデー
　　金曜のおかずは　フライデー
　　お土産持ってごぶ　サタデー

といった（間違っているかもしれませんが）覚え方だったと思います。特に、最後の「お土産持ってごぶサタデー」が私は特に気に入っていて、当時、これはリズム感があって覚えやすかったのです。でも、英語のつづりを覚えるのは本当に大変でしたね。特に、Wednesday の真ん中を例によって「ウェドネスダイ」のようにローマ字式に覚えていました。
　ここで、主なヨーロッパ言語（ドイツ語、フランス語、スペイン語、イタリア語、フィンランド語）やアジア言語（インドネシア語、中国語）ではどうなっているのかを下の表4で比較してみましょう。

表4：8言語の曜日の名前

| 英語 | ドイツ語 | フランス語 | スペイン語 | イタリア語 | フィンランド語 | インドネシア語 | 中国語 |
|---|---|---|---|---|---|---|---|
| Sunday | Sonntag | dimanche | domingo | domenica | sunnuntai | hari Minggu | 星期天 |
| Monday | Montag | lundi | lunes | lunedī | maanantai | hari Senin | 星期一 |
| Tuesday | Dienstag | mardi | martes | martedī | tiistai | hari Selasa | 星期二 |
| Wednesday | Mittwoch | mercredi | miércoles | mercoledī | keskiviikko | hari Rabu | 星期三 |
| Thursday | Donnenstag | jeudi | jueves | giovedī | torstai | hari Kamis | 星期四 |
| Friday | Freitag | vendredi | viernes | venerdī | perjantai | hari Jumat | 星期五 |
| Saturday | Samstag | samedi | sábado | sabato | lauantai | hari Sabtu | 星期六 |

　これを見てすぐに気づくことは、中国語では、月曜日から土曜日は数字を用いて表し、他の言語にはない特色をもっているので大変面白いですね。また、英語と同じように大文字で始めるのは兄弟語のドイツ語です。そして、フランス語、スペイン語、イタリア語はロマンス系の言語ですので、

互いによく似ています。

　一方、フィンランド語は母音を多く使っていることがわかります。また、アジア言語のインドネシア語は hari が「曜日」を意味し、語頭に来ているのが特徴だと言えます。

　次に、1月から12月までも日本語の「数字＋月」ではなく、神話に登場する神からできている月名が多いのです。1月は Janus（ローマ神話の物事の始めと終わりを司る神）から、2月は Februa（浄罪の祭り）から、3月は Mars（ローマ神話の軍神）から、4月は Aprilis（ラテン語で古代ローマ暦では現代の3月で、1年の最初の月）から、5月は Maia（ローマ神話の成長の女神）から、6月は Juno（結婚の守護神）から、7月は Julius Caesar（ジュリアス・シーザーの生まれ月）から、8月は Augustus Caesar（初代のローマ皇帝）から、9月は September（ローマ暦で7番目の月）から、10月は October（ローマ暦で8番目の月）から、11月は November（ローマ暦で9番目の月）、12月は December（ローマ暦で10番目の月）からできています。

　ここで面白いことは、9月〜12月までがローマ暦で7番〜10番を意味していて、元来1年は10ヵ月であったところに7月と8月が入ったために、1年の暦が12月まで延びたことです。ラテン語で、7は sept-，8は oct-，9は novem-，10は deca-と表記します。数字の8を表す単語に octopus がありますね。「タコ」の足は8本です。Decameron は『デカメロン』で『十日物語』を指します。「10年間」を意味する単語は decade で、接頭辞 deca- が入っています。

　では、主なヨーロッパ言語（ドイツ語、フランス語、スペイン語、イタリア語、フィンランド語）やアジア言語のインドネシア語ではどうなっているのかを次ページの表5で比較してみましょう。

　曜日と同様、英語とドイツ語は本当によく似ていますが、インドネシア語ともよく似ています。ロマンス系のフランス語、スペイン語、イタリア語は曜日で見たように、互いに共通していることがわかります。一方、フィンランド語は他の言語といくらか異にしますが、接尾辞 -kuu が付いていて、これが「月」を表している点で言えば、日本語や中国語（日本語と

表5：7言語の月名

| 英　語 | ドイツ語 | フランス語 | スペイン語 | イタリア語 | フィンランド語 | インドネシア語 |
|---|---|---|---|---|---|---|
| January | Jaunar | janvier | enero | gennaio | tammiku | Januari |
| February | Februar | février | febrero | febbraio | helmikuu | Februari |
| March | März | mars | marzo | marzo | maalisku | Maret |
| April | März | avril | abril | aprile | huhtikuu | April |
| May | Mai | mai | mayo | maggio | toukokuu | Mei |
| June | Juni | juin | junio | giugno | kesäkuu | Juni |
| July | Juli | julliet | julio | luglio | heinäkuu | Juli |
| August | August | août | agosto | agosto | elokuu | Agustus |
| September | September | septembre | septiembre | settembre | syyskuu | September |
| October | Oktober | octobre | octubre | ottobre | lokakuu | Oktober |
| November | November | novembr | noviembre | novembre | maalisku | November |
| December | Dezember | décembr | diciembre | dicembre | joulukuu | Desember |

同じ単語）と似ています。

　あと、少々細かいことですが、英語やドイツ語、インドネシア語では月名の単語は大文字で始まるのですが、他の言語ではすべて小文字ですね。アジアにあるインドネシアがゲルマン語系の言語とほぼ同じであるとは想像できません。

## 5．語彙の秘話（4）：外国語になった日本語

　食肉を表す単語に beef（牛肉）、pork / bacon（豚肉）、poultry（鶏肉）、mutton（羊肉）、veal（子牛肉）、venison（鹿肉）がある一方で、ox, pig, fowl, sheep, calf, deer といった単語もあるのはなぜでしょうか。英語の歴史のところで詳しく説明しますが、11世紀に大量のフランス語の語彙が英語に入ってきました。実に英語の約 30％の語彙はフランス語から入っている語彙です。英語はもともとドイツ語からの語彙を多く取り入れていますので、ゲルマン系言語（主にドイツ語）の語彙とロマンス系言語（主にフランス語）の語彙の両方を取り込むようにして英語が成立しています。

そのため、日常語の単語は2系統から来ているというわけです。
　たとえば、レストランでコースを注文すると、appetizer（前菜）、entrée（メイン料理）、dessert（デザート）といった流れでディナー（夕食）をとることになりますが、これら3語は全部フランス語です。英語（ドイツ語系）では、starter, main course, sweets と言います。今では区別することなく使用していますが、これはちょうど日本語で「ご飯＝ライス」、「汁＝スープ」、「お菓子＝デザート」と言っているような感じです。
　近頃はデザートではなく、スイーツと言うようですが、これはフランス語からドイツ語へ変化している現象なのでしょうか。言葉とは不思議なもので、留まることは決してありません。皆さんは両親から生まれ、両親の日本語で育てられたはずですが、両親の話していた日本語と同じ日本語を皆さんが話しているとは限らないのです。それどころか、恐らく皆さんの日本語と両親の日本語はいろいろな点で違っていると言った方が正しいのではないでしょうか。お子さんのいらっしゃる親御さんなら、ご自分のお子さんの話す日本語は恐らく違うはずです。親から生まれ、親に育ててもらった子どもの日本語は親の話す日本語とは異なるのです。実に不思議な感じがしますよね。
　前述したように、インドネシア共和国には実に800を越える種類の言語がありますが、山を一つ越えるだけでもう言葉が異なるのであれば、世代間のギャップはもっと大きいと見る方が自然であると思われます。学校に来ている生徒や学生間でも同じ言語ではないし、アクセントや発音なども違って聞こえますよね。
　ここで、鴨長明の『方丈記』を思い出しました。その序段には「行く川のながれは絶えずして、しかも本の水にあらず。よどみに浮ぶうたかたは、かつ消えかつ結びて久しくとゞまることなし。世の中にある人とすみかと、またかくの如し」とあります。つまり、言語も川の流れと同じように代々に受け継がれていくのですが、決して同じ状態では残っていかないものです。絶えず変化するのです。だからこそ、言葉の学習は面白いのかもしれません。まったく同じではないにしても、書き言葉で言えば、1,000年以上も前の平安時代や鎌倉時代の人が書いた書物を通して現代の人々が対

話できるわけですから、文字のパワーには計り知れないものがあります。
　さて、英語には類義語が多いなあと気づいた人がいると思いますが、それは英語がフランス語やラテン語からの借用語を取り入れているからです。特に、フランス語からはおよそ１万語が入ってきており、現代英語に7,500語が残っていると言われています。

表６：英語に入った借用語の例

| 英　　語 | フランス語 | ラテン語 |
|---|---|---|
| ask | inquire, question | interrogate |
| begin | commence | initiate |
| book | volume | text |
| choose | opt | select |
| enough | ample | sufficient |
| fair | beautiful | attractive |
| fast | firm | secure |
| fire | flame | conflagration |
| foe（敵） | enemy | adversary |
| food | nourishment | nutrient |
| hide | conceal | assistance |
| holy | sacred | consecrated |
| house | mansion | residence |
| kingly | sovereign | regal, royal |
| mild | gentle, tender | tranquil |
| rise | mount | ascend |
| top | summit | apex |
| time | age | epoch |

　では、次に英語に入って来た他の言語からの借用語を紹介しましょう。中でも多い言語と言えば、オランダ語、イタリア語、ドイツ語、ギリシャ語、ラテン語（残念ながら、現在では使われていません）、そして日本語です。
　次のページの表７を見ると、私たちが英語だと思っていた単語がこれほ

17

どあるのかと驚いてしまうほどたくさんあることに気づくでしょう。そして、聞くところでは400語以上の日本語の単語が現在使われている英語に入っていて、その多くが欧米の英語辞書に載っているということを皆さんは知っていましたか。たいていの欧米人は日本語の単語をいくつか知っていると思うと私たちもうれしくなりますよね。

表7：英語に入った6言語からの借用語

| オランダ語 | イタリア語 | ドイツ語 | ギリシャ語 | ラテン語 | 日本語 |
|---|---|---|---|---|---|
| boss | balcony | Cobalt | analysis | album | bonsai |
| coleslaw | concert | Cookbook | biology | appendix | bushido |
| cookie | oboe | Delicatessen | cosmos | crisis | futon |
| cruiser | opera | Dumb | cube | exit | haiku |
| dock | piano | Frankfurter | diagnosis | focus | karaoke |
| easel | replica | Kindergarten | diagram | genius | karate |
| landscape | sonnet | Pretzel | ecology | organ | karoshi |
| sketch | studio | Quartz | economics | plant | katana |
| waffle | violin | Sauerkraut | physics | species | otaku |
| yacht | volcano | Seminar | system | status | shogun |
| yankee | umbrella | Zinc | theory | tiger | tsunami |

なお、英語に入っている言語は上の表7の6言語だけではありません。アラビア語（harem）、インド語（racoon, skunk）、ペルシャ語（bazaar, caravan）、トルコ語（coffee, kiosk）、ヘブライ語（kosher）、スペイン語（alligator, cafeteria, canoe, canyon, coyote, cockroach, cocoa, guitar, hammock, hurricane, maize, marijuana, mosquito, mustang, plaze, potato, ranch, rodeo, tobacco, tacos, tornado）、ポルトガル語（anchovy, apricot, banana, negro, tank）、タミール語（pariah）、マレー語（sago）など、さまざまな言語が英語に溶け込んでいるのです。ちょうど日本語が外国語の単語をカタカナ語で取り入れるのと同じことです。

英語の場合はアルファベットで表すことができるので難しくないですが、日本語はアルファベットではなく日本独自の片仮名を用いてどんな言

語でも取り込むことができます。

　私が高校の歴史の授業を受けていた時、中学校の社会では宗教改革に登場した「カルビン」が「カルヴァン」に、「チャールズ」皇帝が「シャルル」皇帝に、「シーザー」が「カエサル」に変わったので、どうしてそうなるのか理解できず、どちらも覚えないといけないのかと思うと嫌な気持ちになったものです。実を言うと、これらの人名は、最初が英語の発音で、次がフランス語の発音なのです。アルファベット文字は変わらないのですが、Carvin, Charles, Caesar の読み方が言語で異なることを知ったのはだいぶ時間が経ってからでした。

　それに、よく考えてみると日本語には日本独自の文字がありません。平仮名や片仮名は中国（唐）から伝わった漢字の一部を変形して万葉仮名とし、アルファベットは明治以降ヨーロッパから、数字はアラビア文字を使っています。ということは、日本語の文字は全部他の言語から借りてきた上で、日本風にアレンジして作られたものなのです。

　それでは、日本語に入った借用語（外来語）を見てみましょう。

表8：日本語に入った14言語からの借用語

| 英　語 | card, hamburg, lemonade, pudding, sewing machine |
|---|---|
| オランダ語 | alcohol, beer, coffee, cruiser, dock, ink, lamp, sketch, yacht |
| ドイツ語 | Allergy, Arbeit, Energy, Hormone, Karte, Vaccine, Vitamin |
| フランス語 | avec, ballet, concours, croquette, debut, gourmet, omelette |
| イタリア語 | cello, finale, macaroni, opera, pasta, pizza, spaghetti, trio |
| ロシア語 | ikra（イクラ） |
| トルコ語 | kiosk（キオスク） |
| ペルシャ語 | pajama |
| カンボジア語 | khsier（キセル） |
| 豪州先住民語 | boomerang, kangaroo, koala |
| タミール語 | curry |
| ヒンディー語 | jungle |
| 中国語 | mahjong（麻雀）, ramen（拉麺） |
| アフリカ土着語 | jazz |

## 6. 名詞の秘話：単数形と複数形

　中学生の頃、プロ野球の人気は今と同じように高くて、私はよくテレビでプロ野球中継を観戦していました。その時、ふと思ったことは「巨人はジャイアンツ、中日はドラゴンズ、阪神はタイガース、でも広島はカープで単数形なのはなぜなのか」ということです。早速、辞書で確認してみると、carp は「単・複同形」と書いてありました。どうして単数形と複数形が同じなのでしょうか。

　そう言えば、日本人や中国人が one Japanese, five Chinese などと単・複同形であるのに対して、アメリカ人は ten Americans というように複数形になります。果たして、理由は国によって異なるのか、音声によるものなのか、いったいなぜなのかと不思議に思ったものです。結局、その理由はとうとうわからず終いでした。

　当時は「ピンクレディー」が空前の大ブレイクで、女性2人1組で歌っているのになぜ "Pink Ladies" と複数形になっていないのかなあ、と思っていました。日本語では複数形の概念はあまりないので、単数形のままでいいのだろうか。でも、一方で「殿様キングス」という演歌3人組の名前は "Kings"（でも発音は「キングス」でした）と複数形になっていました。ちょうど、「阪神タイガース」と同じで、本来の英語発音であれば「殿様キングズ」や「阪神タイガーズ」でなければいけないのに、恐らく「ズ」の発音が出しにくかったため、「ズ」から「ス」に変更したのではないかとも考えました。

　同様に、現在米国の野球チーム名は「ドジャース」や「ヤンキース」など、本来「ズ」となるべき発音が「ス」となっています。一方で、「マリナーズ」や「デビルレイズ」などのように「ズ」がそのまま使われています。これはどうして起こるだろうか、などといろいろ考えるようになりました。

　しばらく経ってから、ある本で sheep, carp, deer, salmon などの群れで行動する動物は単数・複数の区別をしないと知りました。確かに、羊などは1人の羊飼いが何千頭もの羊を統率します。羊たちも一糸乱れず羊飼い

の指示に従って行動します。いわば羊はグループ単位で行動するのが基本で、ここには個性のある羊は見られないというわけです。

それで謎が解けました。日本人も群れて行動しますし、人のなり見て行動し、とても個性を育てるようには躾けられてはいません。これに対し、アメリカ人は個性があって、自分の意見を持っていてきちんと主張をします。ですから、Japanese は単・複同形で、American(s) は複数形がとれるというわけです。

ところが、実を言うと後日談があって、もともと「広島カープ」は、他の球団と同様、「広島カープス」にする方針だったとある本で知りました。実を言うと魚の種類を表す場合、two kinds of fishes のように、fish も複数形がとれるのです。常に単数形しかとられない単語、たとえば information や baggage/luggage などとは訳が違うのです。その後、単数形か複数形かの議論が繰り広げられた結果、「広島カープ」に落ち着いたそうです。

基本的に日本語に複数の概念がないということですが、ないわけではないことは知っておく必要があると思います。「我々ども」や「君たち」、「彼ら」や「連中」などと言うときには複数の意味が含まれているわけですから、まったく日本語に存在しないということではないのです。でも、英語が持っている感覚とは異質なもので、どちらかと言えば英語には人称代名詞（ I, we, you, he, she, they など）が存在するのであって、普通名詞に s を付加する（例：pen + s = pens）ルールとは大きく違います。

これと反対のことが気になりました。当時、「ビューティーペア」という女子プロレスラー２人組が大人気でした。でも、どうして "Beautiful Pair" ではなくて、"Beauty Pair" なんだろうかという疑問がありました。これは、ちょうど日本航空を "JAL"、つまり "Japan Air Lines" と表記しているのと同じことなんですね。

米国には "American Airlines" という航空会社がありますが、これを "America Airlines" と呼んだらどこか変ですよね。しかし、日本語の表記で「日本＋航空」と考えたために「名詞＋名詞」の英語表記ができてしまったのではないでしょうか。普通は、"Japanese Airlines" と表記すべ

きです。

　話は女子プロレスに戻って、これも普通の英語なら "Beautiful Pair" であるべきで、「美人ペア」や「美ペア」ではどう考えても変で、「美しいペア」と表記すべきだったのです。日本人の感覚からすれば何でもよいのでしょうが、正しい英語で表記することは日本語を守ると言う意味で二重に大切だと考えられます。英語でペアがつく例は (the) happy pair, または happy couple で「新郎新婦、新婚さん」という意味です。

　最後に pink lady の話に戻りましょう。辞書には、pink lady とは「ジンにざくろ果汁のシロップと卵白を混ぜて作ったカクテル」の名称で、martini（マルティーニ）や manhattan（マンハッタン）などと同様、複数形をとりません。なお、英語の pink には赤ん坊の肌のイメージから「健康的で若々しい」といった意味があります。

## 7. 派生語の秘話

　最初に野球が baseball と習ったとき、base と ball の2語に分けるのがどうして駄目なのかと思いませんでしたか。というのは、"I study English everyday." と書く学生が最近多いのです。正しくは、"I study English every day." と2語に分けて書きます。

　もともと "baseball＝base + ball" であることは間違いないのですが、意味が違ってきます。1語で baseball はスポーツの「野球」を表しますが、2語で base ball は「基礎になるボール」を意味します。前者は複合語で1つのまとまった単語であるのに対して、後者はそのままの単語の意味を表します。

　では、ここで次ページの表9に ball がつく球技（スポーツ）とその他のスポーツをカタカナ語と戦時中の漢字、それに中国語（繁体字）を挙げてみました。英語禁止であった第二次世界大戦時中に意味を考えて漢字を当てたものですが、なんとほとんどすべてに「球」がついていて、実にうまく考えたものだなあと思います。

表9：スポーツ名の表記

| 英　語 | カタカナ語 | 戦時中の日本語 | 中国語（繁体字） |
|---|---|---|---|
| baseball | ベースボール | 野球 | 棒球 |
| basketball | バスケットボール | 籠球 | 籃球 |
| dodgeball | ドッジボール | 避球 | 射避球 |
| football | フットボール | 米式蹴球、鎧球 | 足球 |
| handball | ハンドボール | 送球 | 手球 |
| softball | ソフトボール | 塁球 | 塁球 |
| volleyball | バレーボール | 排球 | 排球 |
| badminton | バドミントン | 羽球 | 羽毛球 |
| billiard | ビリヤード | 撞球 | 台球 |
| bowling | ボウリング | 十柱戯 | 保齢球 |
| futsal | フットサル |  | 室内五人足球 |
| golf | ゴルフ | 孔球 | 打球 |
| hockey | ホッケー |  | 曲棍球 |
| ice hockey | アイスホッケー | 氷球 | 冰球 |
| rugby | ラグビー | 闘球 | 橄欖球 |
| skate | スケート |  | 滑氷 |
| ski | スキー |  | 滑雪 |
| squash | スカッシュ |  | 壁球 |
| soccer | サッカー | 蹴球 | 足球 |
| table tennis | ピンポン【商標】 | 卓球 | 乒乓球 |
| tennis | テニス | 庭球 | 網球 |
| water polo | ウオーターポロ | 水球 | 水球 |

　一方、中国語では日本語と異なり、baseballを「棒球」、footballやsoccerを「足球」と書きますが、なるほどよく考えられているなあと思いませんか。中国語で表記するときは、たいてい単語の意味を考えて漢字を当てはめるようです。一方、ボウリングの場合は、意味ではなく音から考えて「保齢球」を当てはめるので、「年齢を保つ」という意味ではないようです。
　さて、私たちが食べるホットドッグですが、もしhot DOGと後にアクセントを置いて発音したら「熱い犬」の意味になってしまいます。HOT dog

のように前にアクセントを置いて発音しましょう。それに「スズメ蜂」を YELlow jacket と言います。欧米人にはスズメ蜂の体に黄色い帯があるように見えるからでしょうか。これを反対に、yellow JACKet と読めば、単に文字通りそのままの意味の「黄色いジャケット」になります。

　さて、話を everyday に戻しますと、これは形容詞で「毎日の」の意味し、2 語で every day と書けば副詞句で「毎日」を意味します。baseball の品詞は名詞ですが、everyday と 1 語で書くと形容詞になるんですね。実を言うと、両者を混同して使っている人は結構多いので、気をつけるとよいでしょう。

　逆に、もともと 2 語だったものが 1 語に合体したものがあります。中学 1 年で習う another です。その構造は an＋other です。長く使っているうちにくっついてしまったんですね。

　他によく混同する単語に sometime（いつか）と sometimes（ときどき）があります。どちらも副詞ですが、意味はまったく異なります。「ときどき」の場合、s を抜かすことが多いので注意が必要です。ここで、よく使う合成語を下の表 10 にまとめました。＊印は 2 語で表記します。

表 10：合成語の例

|  | -body | -one | -thing | -how | -time | -where |
|---|---|---|---|---|---|---|
| some- | somebody | someone | something | somehow | sometime | somewhere |
| any- | anybody | anyone | anything | anyhow | anytime | anywhere |
| no- | nobody | *no one | nothing |  | *no time | nowhere |
| every- | everybody | everyone | everything |  | *every time | everywhere |

　さらには、somewhat, moreover, furthermore, insofar, nevertheless, nonetheless, notwithstanding などがあります。そう言えば、apron はもともと napron（今は死語）でしたが、不定冠詞 a＋napron → an apron と変化した経緯があるとどこかの本で知りました。

　最後に、中学校の社会科（地理的分野）の授業で習った「ユーラシア（大陸）」という英単語はどのような構造になっているのかを見てみましょう。

Eurasia そのものからはすぐにわかりませんが、Europe + Asia であると見れば、それが「ヨーロッパ」と「アジア」の合成語だとわかるのではないでしょうか。

また、オセアニアも "Oceania = Ocean + Asia" なので「オーシャン（大洋）」と「アジア」の合成語だとわかります。さらにマレーシアですが、Malaysia をよく見ると、どこか "Malay + Asia" のように感じられませんか。「マレー（半島）」と「アジア」から出来ているんですね。

その他、接尾辞の -sia がつくもので身近な単語に Polynesia（ポリネシア）、Melanesia（メラネシア）、Micronesia（ミクロネシア）などがあります。また、Afghanistan（アフガニスタン）のように、語尾が –stan で終わっている国名は、Kazakhstan（カザフスタン）、Kyrgyzstan（キルギスタン）、Pakistan（パキスタン）、Tajikistan（タジキスタン）、Turkestan（トルキスタン）、Turkmenistan（トルクメニスタン）、Uzbekistan（ウズベキスタン）などがあります。

それに、ヨーロッパの歴史の中でも、特に、ローマ帝国時代には -nia で終わる国が実に多くあったことがわかります。ブリタニア、ゲルマニア、ガリア、ヒスパニア、サルディニア、ダキア、サルマティア、アルメニア、マケドニア、シリア、アカイア、キレナイカ、マウリタニアなどで、紀元2世紀頃の世界人口のおよそ3分の1をローマ帝国の住民が占めていたそうです。

地理の授業で習った地名がどうやって作られたのかがわかると面白いですし、英語の地名をカタカナで表すと、それまでまったく見えなかったものが見えるようになってくるので楽しいですよね。

## 8. 英語の歴史

イギリスの正式名称は相当長くて「グレートブリテンおよび北アイルランド連合王国」と言い、英語では、"United Kingdom of Great Britain and Northern Ireland" と言います。一方、アメリカの正式名称は、"United States of America" で、「アメリカ合衆国」と訳します。ついでに言うと

メキシコはスペイン語で"Estados Unidos Mecicanos"と表記し、英語に訳すと"United States of Mexico"になり、正式名称が「メキシコ合衆国」だということを知っていましたか。
　私たちが普段イギリス（連邦）と言っているのは、実を言うと北アイルランド、スコットランド、イングランド、ウェールズという4か国から成ります。つまり、Englishというのは Englandの言葉で、北アイルランドでは Irish、スコットランドでは Scottish、そしてウェールズでは Welshがそれぞれの国の主要言語というわけです。
　これら4か国はオリンピックなどでイギリス連邦の代表として1チームで参加しますが、サッカーのワールドカップでは4つの国にそれぞれ分かれてお互いに敵として戦い合うのです。北海道と九州、あるいは近畿地方と東北地方が戦うという感じですが、とても日本では考えられないことですよね。
　でも、もともとは4つを連合した国ではありませんでした。今でこそ英語は世界語と言われ、全世界で約4億人が母語として使い、公用語や第2言語として約15億人が使うようになるまで世界に広がりましたが、イギリスの歴史は相当複雑で、英語も山あり谷ありの人生を送って今日まで至っているのです。
　ここで英語の歴史について概観することにしましょう。現在のブリテン島には、その昔「ケルト人」という先住民がいました。ちょうどアメリカに「インディアン人」が、オーストラリアに「アボリジニー人」が住んでいたように紀元前50年頃から住んでいたのです。その後、約400年間ローマ帝国によって支配されました。ローマ人がブリテン島から去った後の410年に、現在のデンマークと北西ドイツからオランダあたりに住んでいた「アングル人」と「サクソン人」、「ジュート人」、それに「フリジアン人」が入り込んで来ました。彼らは「ゲルマン人」と呼ばれ、彼らが話す言葉は西ゲルマン語派に属します。この4つの部族の最初の2つをとって「アングロ・サクソン人（Anglo-Saxons）」と呼び、「アングル人の土地」を意味する"Englaland"から今日の国名である"England"という名称を使い始めました。

その後、8世紀の後半になると、北欧の国デンマークから海賊のヴァイキングたちが侵入して来ました。彼らは「デーン人（Danes）」と呼ばれ、デンマーク語は北ゲルマン語派（古ノルド語）に属します。この頃は、海賊が世界を荒らし回っていて、7つの小国のあったイギリスへも侵入が激しくなりました。デーン人の侵出はブリテン島のイギリス南西部にあるウェセックス（Wessex）のアルフレッド大王が阻止しました。アルフレッド大王のお陰でイギリスは残ることができました。

　しかし、9世紀になると、古ノルド語が英語に入るようになり、日常生活語に借り入れ語として使われ始めました。彼らの中には、ブリテン島だけではなく、フランスに侵入するヴァイキングらがいて、「ノルマン人」と呼ばれました。キリスト教に改宗したのち、フランス王に仕えるようになって、フランス語を使うようになりました。

　アングロ・サクソン最後の国王はエドワード3世でしたが、後継者がいなかったために、義弟のハロルドに王位を継承しました。しかし、ノルマンディー公ウィリアム1世が王位継承権を主張したため、1066年にヘイスティングズの戦いが起こりました。これを「ノルマン人の征服（Norman Conquest）」と言います。英語史上で極めて重要な事件であると言われています。

　「ノルマン人の征服」のあと、ノルマン人が約300年にわたってイングランドを支配し、公式の文書や日常の会話にフランス語を使うようになりました。英語は階層の低い人々の間で使われる程度まで衰退しました。この頃、英語に入ったフランス語は約1万語と言われ、約7,500語が現在でも残っているとされています。現在でも日常使われている英語のおよそ30%の語彙はフランス語で、英語自体は約60%、残りの10%ほどは他言語からと言われています。

　そして、イギリスはエドワード1世までの約200年間は英語が話せない国王の支配下におかれ、英語の存在が極めて危ない状況に陥ったのです。英語の文書や文献はなくなり、代わりにフランス語が使われ、英語は庶民の言葉となりました。イギリスの当時の人口が約150万人で、ノルマン人は1〜2万人程度が侵入しました。

その後、イギリスとフランスの間で「百年戦争（1337年～1453年）」が起こり、イギリスがフランスに敗れたことで、次第にフランス語が適性語と見なされるようになりました。そして、農業に従事する農民たちの間で英語の重要性が高まるようになり、1362年には議会の開会宣言が英語で行われ、ようやく英語が公の言語になり、完全に復活しました。
　1423年になるとイギリス国会でも英語が使われるようになり、公文書も英語で書かれるまでになりました。この頃、詩人ジェフリー・チョーサーが英語で詩を書き始め、英語の復権に大きく貢献したので、チョーサーは「英語を築いた人」または「英詩の父」と称えられています。
　最後に、以前、「3．語彙の秘話（2）」や「4．語彙の秘話（3）」でお話しましたが、英語・ドイツ語・オランダ語はゲルマン語派に属し、フランス語・スペイン語・ポルトガル語・イタリア語・ルーマニア語・ラテン語はイタリック語派に属します。もともとインドからヨーロッパへと言語が伝播していき、途中でスラブ語派、バルト語派、ゲルマン語派（北ゲルマン語、東ゲルマン語、西ゲルマン語）、ケルト語派、イタリック語派、ギリシャ語派、アナトリア語派に分かれて行きました。ちょうど世界の大陸がもとは1つであって、何億年の時を経て現在の6大陸に分かれていったことと軌を一にするようですね。さらに詳しいことを知りたい場合、は寺澤（2008）の『英語の歴史』などが参考になります。

## 9．言語の現在と将来

　皆さんは、この地球上にどれだけの数の言語が存在しているか知っていますか。もちろん数え方にもよりますが、約6,000語があると考えられています。そして、言語の多くは熱帯雨林地域にあるんです。特に、パプアニューギニアには820種類の言語があって、山を一つ越えただけでお互いが通じなくなると言われています。
　現在、世界には192カ国の国があるので、単純に言えば1カ国に30種の言語が存在する計算になります。しかし、日本には、日本語以外にアイヌ語や琉球語があるだけで、ヨーロッパの事情とは随分と異なりますね。

では、何語が世界で一番多く使われているのでしょうか。もちろん、中国語です。人口が13億人以上と世界で一番多いので、中国語の話者が世界人口の約5分の1を占めます。
　それでは、次に多く使われている言語は何でしょうか。実は、英語なんです。第1言語として英語を使用する国は、アイルランド、アメリカ、イギリス、オーストラリア、カナダ、ニュージーランドの6か国（約4億人の話者）ですが、第2言語や公用語として英語を使っているのは54か国（約6億人の話者）で、両方を合わせると60か国で、英語の話者はなんと約10億人になり、中国語に次いで2位になります。そのため、英語は国際語として世界的に認められるようになったと言えます。
　ところが、世界のあちらこちらは深刻な事態が起こっているのです。言語数は約6,000語と多く存在してはいますが、話者数が2万人以下の言語がなんと約4,000語もあると考えられています。そのような言語は絶滅の危機にある言語と呼ばれていて、デイヴィッド・クリスタル（2004）によれば、2週間に1言語が消滅していると言うのです。1年で26種類もの言語が消えているというのは大変恐ろしいことではないでしょうか。
　日本にはアイヌ語の話者がほとんどいないと聞いています。現在、1人でも多くのアイヌ語の話者を育てる活動が行われているそうですが、将来的には多くの言語がこの地球上から消えていくのではないかと想像するととても他人事ではない重大な問題だと認識すべきだと思います。
　英語とて、このまま永久に国際語であり続けるかどうかは疑問です。近い将来において、スペイン語話者が英語話者を数で上回るのではないかと考えられています。中国人の人口減は周知の通りで、私たち日本人の数も減ることがわかっています。将来的な見通しをもつことが大切ではないでしょうか。

## 10. 接頭辞と接尾辞と語幹（語根）の秘話

　英語の授業で、まず名詞のstudentを習い、次に動詞のstudyが出てきたとき、「studyをする人＝student」という関係には全然気づきませんで

した。単語を暗記するのが精一杯だったのです。さらに、名詞で「スタジオ」、形容詞に studious（勉強好きな）がありますので、study → student → studio → studious と連関で覚えれば一生忘れることはないでしょう。

　もう少し学習が進むと、今度は teacher, player, pianist, guitarist といった単語が出てきたとき、-er や -ist は「～する人」を意味すると先生は最初にどうして教えてくれなかったのか、残念に思いました。カタカナ語はいくらでもあるので、例を２～３挙げるだけですっと頭の中に入っていったと思います。また、「動詞＋er」のパターンは多いので、一度に覚えることができます。speak+er＝speaker, learn+er＝learner, open+er＝opener, close+er＝closer など、また「名詞＋ist」については violin+ist＝violinist, cycle+ist＝cyclist, vocal+ist＝vocalist, art+ist＝artist など、身近な単語をいくらでも見つけることができます。

　私は中学校２年生で important という単語に出会いましたが、これがなかなか覚えられませんでした。その理由は、否定を表す接頭辞 im がついているのに、意味がどうして肯定的なのか、不思議でならなかったからです。当時は、ただ闇雲に単語を丸暗記するだけで、単語は教科書の巻末に載っていたので、辞書で調べて確認することはまったくしませんでした。

　実を言うと、port（運ぶ）が語幹（語根）であることに気づいたのはだいぶ時間が経過してからでした。im はもともと否定語ではなく、in に変化形で「中へ」を意味し、import は「輸入、輸入する（アクセントの位置によって品詞が異なる）」を表し、反意語は export で「輸出、輸出する（同）」を表します。つまり、important は「輸入する必要のあるぐらいの ⇒ 重要な」の意味だというわけです。さらに、port を含む単語を辞書で検索してみると airport, heliport, passport, portable, report, support, transport など、いくらでも見つけることができます。

　あと１つ不思議に思っていた単語は salary です。「給料」の意味だとは知っていましたが、これがなんと「塩」と関係していると後で知ったのです。salary の sal- は「塩」の意味で、sal- を含んでいる単語には、salad, salt, salami, salmon, salsa などがあります。でも、「給料＝塩」では意味がつながりませんね。

実を言うと、その昔「給料」を「塩」で出していたことが語源だという説明を見つけました。このように単語の世界を広げていくといろいろな発見があって楽しいですし、覚えることがさほど苦にはならないでしょう。

　ここまで英単語の構造について述べてきましたが、語源と接頭辞・接尾辞の関係は漢字の旁と偏の関係とよく似ているのではないかと思いませんか。日本人は小学校に入学後6年間で約1,000字を、中学校3年間で約600字、高校3年間で約400字を上乗せし、大学入学までに約2,000字をマスターします。長い年月をかけて一つ一つ漢字を覚えていくわけですが、私が米国で初級日本語を教えていた時にふと気づいたことがありました。

　木偏の漢字を教えていたときのことです。木が2本で「林」、3本で「森」と話を進めていくと、「じゃあ、4本では何ですか」と聞かれ、言葉に詰まりました。だって、そんな漢字は存在しませんよね。そこで、私が中学校で英語教師をしていたときに使っていた教科書にあったある会話場面を思い出し、「ジャングルだよ」と嘘を言うと教室はドッと沸きました。学生は漢字が英語と同じような構造をしていることに共感を覚えたと言います。その時、日本語と英語はまったく違う言語（文字）として認識するのではなく、両言語に共通することが意外にも多いと思うと大変うれしい気持ちになりました。

　漢字の偏には、木、人、魚、鳥、山、火、日、言などいろいろの種類があり、それぞれに意味があります。また、冠や旁、烈火（連火）にもたくさんの種類があって、それぞれが根本の意味を持っています。

　たとえば、「藁（わら）」という漢字の構造に注目してみましょう。この漢字は上から下へ「草冠＋高＋木」のように、3つの部品からできています。つまり、「草でできている高い木」というわけです。また、「湖」という漢字は左から右へ「水＋胡（＝古＋月）」の2つの部品で構成されていて、「水でできた大きな池＝湖」という意味です。

　この考え方を英語の単語に当てはめて考えてみましょう。さきほどのimportantをim＋port＋antのように分解してみると「中へ＋運ぶ＋〜するもの」の3つの部分から構成されていることがわかります。つまり、元々「運び入れるもの」から「重要な、大切な」という意味で使われるよ

うになったのです。実は、英語と日本語という2つの言語が全然別物ではなく、お互いによく似た構成で単語や漢字が作られていることがわかると面白いと思いませんか。

表11：主な接頭辞（11種類）

| 接頭辞 | 意味 | 例語 | 例語の意味 |
|---|---|---|---|
| bi- | 2つの | bicycle | 自転車 |
| com-, con- | 共に、一緒に | connect | つなぐ |
| dis- | 否定、反対 | dislike | 嫌う |
| eco- | 環境の | ecology | 生態学 |
| for- | 禁止、除外 | forbid | 禁止する |
| im-, in- | 否定、反対 | impatient | 我慢できない |
| mono- | 一つの | monotone | 単調 |
| re- | 再度 | restart | 再出発 |
| sub- | 下の | submarine | 潜水艦 |
| tri- | 3つの | tricycle | 三輪車 |
| under- | 不十分な、下へ | undercook | 生焼けする |

表12：主な接尾辞（12種類）

| 接尾辞 | 品詞 | 意味 | 例語 | 例語の意味 |
|---|---|---|---|---|
| -ate | 動詞 | ～する | decorate | 飾り付けする |
| -er, -ee, -eer, -yer | 名詞 | 人、物 | runner | 走者 |
| -free | 形容詞 | ～がない | smoke-free | 煙のない |
| -ful | 形容詞 | 満ちている | beautiful | 美しい |
| -hood | 名詞 | 状態、職業 | childhood | 幼年期 |
| -ic, -ical | 形容詞 | 性質 | economic | 経済の |
| -ify | 動詞 | ～化する | intensify | 強化する |
| -ize | 動詞 | ～化する | criticize | 批評する |
| -less | 形容詞 | ～がない | homeless | 家がない |
| -some | 形容詞 | 性質、状態 | handsome | ハンサムな |
| -tion | 名詞 | 動作、状態 | action | 行動 |
| -worthy | 形容詞 | ～に値する | trustworthy | 信頼できる |

表13：主な語幹（語根）（13種類）

| 語幹（語根） | 意味 | 例語 | 例語の意味 |
|---|---|---|---|
| -act- | 行動 | transaction | 処置、処理、取り扱い |
| -cord- | 心 | accordance | 一致、合致、調和 |
| -dict- | 話す | contradiction | 反論、否定、矛盾 |
| -fess- | 述べる | confession | 告白、自白、自認 |
| -flex- | 曲がる | inflexible | 柔軟性のない、頑固な |
| -form- | 作る | transformation | 変形、変質、変換 |
| -just- | 正しい、法 | adjustment | 調整 |
| -leg- | 法律 | illegal | 違法の、不法の |
| -norm- | 標準 | abnormal | 異常な、異例の |
| -ped- | 足 | centipede | 百足（むかで） |
| -press- | 圧縮、圧力 | depression | 憂鬱、うつ病、不景気 |
| -sect- | 分ける | intersection | 交差点 |
| -va(i)l- | 価値のある | prevailing | 広く行われる、流行する |

　ちなみに、接頭辞や接尾辞に関するサイトで検索してみたところ、なんと接頭辞236種類、接尾辞201種類、それに語幹（語根）を209種類も見つけることができました。単純に、接頭辞（236）×接尾辞（201）×語幹（209）のようにそれぞれを掛け合わせると、実に約1,000万種類の英単語が作れることになりますが、ここでは、主な接頭辞や接尾辞、語幹（語根）を上記の3つの表にあるように、ほんの一部だけを紹介しますが、いかに身近な単語がこれほど多くあるのかを実感できます。

　このように、接頭辞＋語幹＋接尾辞をイラストで覚える方法を紹介しているのが『語源で覚えるイメージ英単語』のシリーズ本です。英語のレベルに応じて3種類の本が出版されていて、英単語の語源学習が本当に楽しくなりますよ。もちろん、全部の接頭辞や接尾辞を覚えることは大変ですが、新しい単語が出てきたときに、それを分解してみると「接頭辞＋語幹＋接尾辞」に分けることができれば、それぞれの部品が本来持つ意味が理解できるはずです。日本語の漢字を覚えたように、英語の単語を覚えるときにもこの方法が大いに役立つと言っても過言ではないでしょう。

# 第2章　英語の発音とリズム

## 11. 日本語の五十音図から学ぶ英語発音

　私たち日本人は小学校で下の表 14 にあるような五十音を習いますが、「あ行」～「わ行」がなぜこの順で並んでいるのかを学校では習いませんでした。誰も疑問を抱かないので、そういうものだと思っているかもしれませんが、実は並び方（順序）に意味があると聞くと少なからず驚くのではないでしょうか。

表 14：日本語の五十音（ひらがな）

| わ | ら | や | ま | は | な | た | さ | か | あ |
|---|---|---|---|---|---|---|---|---|---|
| ゐ |り|  | み | ひ | に | ち | し | き | い |
|  | る | ゆ | む | ふ | ぬ | つ | す | く | う |
| ゑ | れ |  | め | へ | ね | て | せ | け | え |
| を | ろ | よ | も | ほ | の | と | そ | こ | お |

　実を言うと、順序が発音と大きく関係しているのです。最初の「あ行」は母音ですので、問題はありません。次の「か行」は日本語音声学で言うと軟口蓋音で、口の奥の方で出す子音です。
　「さ行」ですが、歯に近いところで出す硬口蓋音と呼ばれる子音です。「た行」は上の歯茎に舌先を付けて発音する破裂音です。続いて、「な行」ですが、上の歯茎に舌先を付けて発音する鼻音です。
　「は行」は江戸時代までは「ふぁ・ふぃ・ふ・ふぇ・ふぉ」と発音していたことがわかっていて、上下の唇を使って発音する両唇音ですが、現代においては喉の奥の方で発音するので、破裂音の中でも特に「声門」と呼ばれています。
　次の「ま行」ですが、これも上下の唇を使って発音する両唇音で、「な行」と同じ鼻音の仲間です。続いて「や行」ですが、これは半母音と呼ばれる子音で、上の奥歯に舌の横腹をつけて発音します。

「ら行」も半母音ですが、「た行」のときに使った舌先の当たる位置が上歯よりも少し奥にある突起した部分に当てて発音します。
　そして、最後の「わ行」ですが、これも半母音で、両唇に少し力を入れて発音しますが、現代の「を」はwの発音は消失して、母音の「お」と同じ発音をします。でも、大きい声を出したり、歌を歌ったりするときは、ときどきwo（ウォ）と強調して発音することがあります。
　平仮名をローマ字で表記した表15を見てみましょう。小学校4年生で習う訓令式とは異なり、ヘボン式では英語により近い発音表記が使われています。

表15：ローマ字（ヘボン式）の五十音

| wa | ra | ya | ma | ha | na | ta | sa | ka | a |
|----|----|----|----|----|----|----|----|----|----|
| wi | ri |    | mi | hi | ni | chi | shi | ki | i |
|    | ru | yu | mu | fu | nu | tsu | su | ku | u |
| we | re |    | me | he | ne | te | se | ke | e |
| wo | ro | yo | mo | ho | no | to | so | ko | o |

　表の中で、ほとんどの文字は「子音＋母音」で表記されていますが、少し網掛けをした3か所、つまり「さ行」の「し」とタ行の「ち」と「つ」だけが「子音＋子音＋母音」でできていることがわかります。
　たとえば、「た行」なら、ta, ti, tu, te, toであれば統一された発音ですが、「ち」のところは、cha, chi, chu, che, choの2番目のchiが使われ、また「つ」については、tsa, tsi, tsu, tse, tsoの3番目のtsuが用いられていることがわかります。言ってみれば、「た行」と「ちゃ行」と「つぁ行」の3種類の合成で「た行」が構成されているのです。音声的には非常に複雑な仕組みで「た行」が作られているのです。
　また、「さ行」の場合、sha, shi, shu, she, shoのshiが「し」として使われているので、「さ行」と「しゃ行」の2種類から構成されています。
　この平仮名文字は、次ページの表16のように、平安時代に万葉仮名をもとにして流線型の文字が考案されました。これに仮名のもとになった中

国の漢字を五十音に入れてみると、楷書体ではなく草書体から平仮名文字を考え出したことが想像できますね。

表16：万葉仮名（平仮名）

| 和 | 良 | 也 | 末 | 波 | 奈 | 太 | 左 | 加 | 安 |
|---|---|---|---|---|---|---|---|---|---|
| 為 | 利 |   | 美 | 比 | 仁 | 知 | 之 | 幾 | 以 |
|   | 留 |   | 由 | 武 | 不 | 奴 | 川 | 寸 | 久 | 宇 |
| 恵 | 礼 |   | 女 | 部 | 祢 | 天 | 世 | 計 | 衣 |
| 遠 | 呂 | 与 | 毛 | 保 | 乃 | 止 | 曽 | 己 | 於 |

次に、片仮名文字を見てみましょう。平仮名文字と比べて直線的な文字が作られたのですが、これは下の表18にある漢字の一部分から表17のような片仮名文字が考案されたと考えられています。

表17：日本語の五十音（カタカナ）

| ワ | ラ | ヤ | マ | ハ | ナ | タ | サ | カ | ア |
|---|---|---|---|---|---|---|---|---|---|
| ヰ | リ |   | ミ | ヒ | ニ | チ | シ | キ | イ |
|   | ル | ユ | ム | フ | ヌ | ツ | ス | ク | ウ |
| ヱ | レ |   | メ | ヘ | ネ | テ | セ | ケ | エ |
| ヲ | ロ | ヨ | モ | ホ | ノ | ト | ソ | コ | オ |

表18：万葉仮名（片仮名）

| 和 | 良 | 也 | 万 | 八 | 奈 | 多 | 散 | 加 | 阿 |
|---|---|---|---|---|---|---|---|---|---|
| 井 | 利 |   | 三 | 比 | 二 | 千 | 之 | 幾 | 伊 |
|   | 流 | 由 | 牟 | 不 | 奴 | 川 | 須 | 久 | 宇 |
| 慧 | 礼 |   | 女 | 部 | 禰 | 天 | 世 | 介 | 江 |
| 乎 | 呂 | 与 | 毛 | 保 | 乃 | 止 | 曽 | 己 | 於 |

私が米国の大学で『初級日本語』を担当していたとき、学生に中国の漢字から日本語の平仮名や片仮名の文字がどのように考えられたのかを紹介したところ、台湾出身の学生が非常に興味を示してくれました。日本の

小学校でもこんなことは教えてくれませんよね。でも、中国から伝わった漢字が日本流に変形されて日本語独自の文字になったことが重要な事実なのです。英語を学ぶということは、日本語という言語を再認識させてくれるという意味で素晴らしい機会を与えてくれたのです。

## 12. 英語らしい読み方（1）：強勢拍リズムと音節拍リズム

　欧米人はよく聴衆に向かって"Ladies and gentlemen!"と呼びかけますが、この語順を逆にした言い方を一度も聞いたことがありません。これは欧米諸国が「レディー・ファースト」だからなのではありません。
　それでは、3つの単語を音節で分けてみましょう。音節というのは音の単位で、母音が入っている最小単位を1つと数えるものです。"La-dies and gen-tle-men"の場合、6音節に分かれますが、アクセント（語強勢）はどこにありますか。La- と gen- にありますので、もう少しわかりやすく書くと、"LA-dies and GEN-tle-men"となり、「強＋弱＋弱＋強＋弱＋弱」といった軽快な英語のリズムが生まれます。これはちょうど西洋音楽やダンスでいう「ブン・チャッ・チャッ」のワルツのリズムと一致します。
　ところが、今度はこの語順を反対にして、"GEN-tle-men and LA-dies"にしてみると、「強＋弱＋弱＋弱＋強＋弱」となって、さきほどのような軽快な英語のリズムが生まれません。つまり、「レディー・ファースト」とはまったく無関係に、独特の英語リズムがその元になって"Ladies and gentlemen"が構成されているわけです。では、この"〜 and / or 〜"または"〜 or 〜"のパターンになっている表現を次のページの例で見てみましょう。
　ここではもっと単純な「強＋弱＋強＋弱」のリズムになっているものを取りあげます。＊印は日本語の語順と逆のパターンになっているものです。ここで大切なのはリズムだけではなく、最初の単語と and がリエゾン（音の連結、後述）を起こしているということです。リエゾンはフランス語でよくみられる音変化現象ですが、英語においても音のつながりがあって初めてリズムが生きてきます。

| | |
|---|---|
| áll or nóthing：全部か無か | báck and bélly：背に腹 |
| bág and bággage：完全に | béd and bréakfast：朝食つきの宿屋 |
| bóoks and récords：帳簿類 | cásh and cárry：大量販店（の） |
| cúp and sáucer：カップと皿 | dó's and dón'ts：規則（集） |
| dóuble or nóthing：一か八か | éach and évery：どれもこれも |
| fácts and fígures：詳細な情報 | fíne and dándy：結構な |
| fírst and fóremost：まず第1に | hám and sáusage：ハムソーセージ |
| lánd and wáter：水陸* | líkes and díslikes：好き嫌い |
| mén and wómen：男女 | mílk and súgar：ミルクと砂糖 |
| náme and áddress：住所氏名* | rules and regulations：規約 |
| sáfe and sóund：無事安全に | sált and pépper：塩と胡椒 |
| sóup and sálad：スープとサラダ | téa or cóffee：お茶かコーヒー |
| tíme and móney：時間とお金 | Tóm and Jérry：トムとジェリー |

　以前、ある中学校英語教科書に"soup and salad"がどういう訳か"super salad"に聞こえて、英語で注文ができなかったという話が取り上げられていました。というのは、soup と and をつなげて発音すると super のように聞こえたため、日本人観光客が返答に困ってしまったというわけです。それに、"soup and salad"の単語を逆にした"salad and soup"がいかに言いにくいのかわかるでしょう。

　これだけの例を紹介しなくても、日常生活で使えそうなものは覚えておくと役立つでしょう。特に、最後の「トムとジェリー」は米国で流行った人気アニメで、日本でも以前よく放送されましたが、この順序を反対にして「ジェリーとトム」と言ってみると、リズム感がなく言いにくいことがよくわかると思います。

　それに対して、日本語のリズムは「音節拍リズム」、または「上下アクセント」のリズムと呼ばれています。「ありがとう」や「こんにちは」のアクセントは方言によって異なりますが、音が上下に移動することが日本語の音声特徴です。お経を思い出してみてください。たとえば、般若心経でいう「南無阿弥陀仏（なむあみだぶつ）」ですが、どんな読み方をしま

すか。お経をあげるときは「なむ・あみ・だー・ぶつ」のように、また簡略形である「なんまいだ」を「なん・まい・だー」のように2音ごと束にして唱えませんか。

　私がアメリカで日本語の五十音を教えていたとき、「あ・い・う・え・お」を「あい・うえ・お」のように、2音を1つのリズムの単位で発音する練習を取り入れていました。「あり・がと・おー」の日本語リズムを覚えてほしかったのです。というのは、米国人学生は「こんにちわ」をよく「こにちわ」と英語式に発音していたからです。「こん・にち・わー」というリズムを覚えれば、日本語のリズムが身に付きやすいのではないかと考えたのです。

　日本語で数字を数える場合でも、「いち・に・さん・し・ご」と発音するのではなくて、「いち・にー・さん・しー・ごー」のように2音を1つの塊として数えますよね。電話番号の場合は、たとえば、名古屋は（０５２）ですが、「ぜろ・ごー・にー・のー」などと間の部分（ー）を「のー」と2音に伸ばして読みます。つまり、2音1組は日本語のリズムの基本単位であり、これを習得することが日本語らしい発音を獲得する近道だと言えます。

　私は中学校理科の授業で、水素からカルシウムまでの元素記号 20 種類を「すい、へー、りー、べー、ぼく、のふ、ね●、なー、マガ、アル、シッ、プス、クラ、アク、か●（注：●は休止の意）」と覚えたという記憶が残っていますが、これも2音ずつで構成されていて、心地よい語呂になっています。この語呂の意味は「水兵リーベ（独語でloveの意）、僕の船、名前曲がるシップス、クラークか」で、20種類の元素は、H（水素）、He（ヘリウム）、Li（リチウム）、Be（ベリリウム）、B（ホウ素）、C（炭素）、N（窒素）、O（酸素）、F（フッ素）、Ne（ネオン）、Na（ナトリウム）、Mg（マグネシウム）、Al（アルミニウム）、Si（ケイ素）、P（リン）、S（硫黄）、Cl（塩素）、Ar（アルゴン）、K（カリウム）、Ca（カルシウム）で、一気に元素記号と名前が覚えられて大変便利でした。

　また、中学3年生の数学では平方根が登場して、$\sqrt{2}=1.41421356$ を覚えるのに「一夜、一夜に人見ごろ」と覚えたり、$\sqrt{3}=1.7320508$ を「人

並みにおごれや」や、$\sqrt{5}=2.2360679$ は「富士山麓オーム（鸚鵡）鳴く」と語呂で覚えるのが生徒の間で流行っていました。

## 13. 英語らしい読み方（2）：内容語・機能語と漢字・仮名

　英語はほぼ均一なリズムを保とうする関係で大きく内容語（content words）と機能語（function words）に二分されます。まず、内容語とは強勢（stress）を伴う語で、文中における内容語のアクセントの部分を、「長く、高く、ゆっくり、明確」に読みます。以前、日本語の文法のところで紹介したように「自立語（活用あり）」に相当します。それでは、内容語の全種類と例語を示しますと以下のように 15 種類があります。

　≪内容語の種類と例語≫
　① 名詞：desk, school, university, building, city など
　② 一般動詞（be 動詞以外）：play, study, walk, read など
　③ 形容詞：happy, useful, interesting, complicated など
　④ 副詞：happily, forward, then, besides など
　⑤ 疑問詞：who, when, where, what, how, why, which, whose
　⑥ 否定の be 動詞・助動詞：isn't, wasn't, can't, shouldn't など
　⑦ 文末に来る be 動詞・助動詞：(Yes, I) am. (Yes, he) can. など
　⑧ 所有代名詞：mine, yours, his, hers, ours など
　⑨ 不定代名詞：all, every, each, anything, both など
　⑩ 強意の再帰代名詞：myself, yourself, themselves など
　⑪ 指示代名詞（形容詞/独立用法）：this/these, that/those など
　⑫ 複合関係代名詞：whoever, whatever, whichever など
　⑬ 複合関係副詞：wherever, whenever, however など
　⑭ 数詞：one, two, three, four, five など
　⑮ 間投詞：oh, wow, hi, hello, yes, no など

　一方、機能語とは、強勢（stress）を伴わない語で、文中における機能

語を「短く、低く、弱く、早く、サラッ」と読みます。また、日本語文法では「付属語（活用なし）」に相当します。では、以下に機能語全10種類について例語を併せて示します。

≪機能語の種類と例語≫
① 冠詞：a, an, the
② 前置詞：in, at, on, for, with, about, between など
③ 接続詞：so, if, and, before, after, because など
④ be動詞：am, is, are, was, were, been など
⑤ 助動詞：can, may, will, must, would, should など
⑥ 人称代名詞：I, me, he, him, she, her, it, we, us など
⑦ 所有形容詞：my, your, his, its, her, our, their など
⑧ 再帰代名詞：myself, yourself, ourselves, themselves など
⑨ 関係代名詞：who, whose, which, what, whom, that など
⑩ 関係副詞：when, where, why, how など

次に、以下のような典型的な英語の自己紹介文を声に出して読んでみましょう。

"Hi, everyone. I'm Bob. I'm from the US, Boston. I'm a student at Aichi Sangyo University. I live in Nagoya now. I love the city very much. I like Japanese food, especially *yakitori* and *sukiyaki*. But I don't like *umeboshi*. I have an older sister who goes to college in New York. After I graduate from the university, I will go back to the US and study business management at a graduate school there. Thank you."

上記の英文を読むとき、なんとなく単語を一つ一つ区切って読んでいませんか。それでは英語の強弱リズムが生まれません。そこで、上の英文を内容語と機能語の2種類に分けてみると、

"HELlo, EVEryone. I'm BOB. I'm from the US, BOSton. I'm a STUdent at Aichi SAngyo UniVERsity. I LIVE in NaGOya NOW. I LOVE the CIty VEry MUCH. I LIKE JAPanese FOOD, esPEcially *yakiTOri* and *sukiYAki*. But I DOn't LIKE *umeBOshi*. I HAVE an OLDer SISter who GOes to COLlege in NEW YORK. After I GRADuate from the uniVERsity, I will GO BACK to the US and STUdy BUSIness MANagement at a GRADuate SCHOOL there. THANK you."

になります。大文字の音節にストレス（語強勢）を置いて、強弱がだいたい同じ間隔で交互に繰り返されるように読むと自然な英語のリズムが生まれます。では、この英文を日本語に訳してみましょう。

　「皆さん、初めまして。ボブです。アメリカのボストンの出身です。愛知産業大学の学生です。今、名古屋市に住んでいます。名古屋市が大好きです。日本食が大好きで、特に焼き鳥とすき焼きが好きです。でも、梅干は好きじゃありません。ニューヨークの大学に通っている姉がいます。この大学を卒業したら、アメリカへ帰って大学院で経営学を勉強します。よろしくお願いします」

といった感じでしょうか。ここで、大文字を使った英語と日本語の自己紹介文をじっくり見比べてください。何かに気づくことはありませんか。もちろん、アルファベットと漢字では文字が全然違いますが、何か他に共通するものが見えてきませんか。そうです。英文のストレスのある単語に日本語の漢字やカタカナ文字がほとんど当てはまっているのです。
　つまり、日本語を読むとき、私たちは主として漢字やカタカナに注目しながら読んでいくと大抵の意味が取れるように、英語でもストレスのあるところに注目して読めば内容を十分理解できるというわけです。単に読むだけではなく、英語は話すときにストレスのある部分を「長く、高く、ゆっくり、明確」に言えば、相手は理解してくれるのです。ただし、日本語

の音声は漢字の部分を強弱つけて話しても不自然ですが、これは日本語が上下の音節拍リズムをもっているためです。

　日本語の文字はもともと日本にあったものではなく、中国（唐）から輸入された漢字を日本流に改良して平仮名とカタカナを考案しました。その後、ふんだんに漢字を取り入れ、明治以降、アラビア数字とアルファベット文字（ローマ字）を取り込み、すべて他国の文字から日本語文字を作った世界では非常に珍しい民族なのです。これは資源のない日本が輸入して日本独自の製品を作った歴史と軌を一にしますね。中継貿易が得意だった日本を思い出してください。

## 14. 英語らしい読み方（3）：等時性のリズム

　今度は次の英文を「英語らしく」読んでください。「英語らしく」というところがポイントですよ。

Thank you for coming to the Christmas party tonight.
（今夜クリスマスパーティーに来てくれてありがとう。）
I'm very happy to see you at the concert again.
（またコンサートでお会いできて大変嬉しいです。）

　前項の「13. 英語らしい読み方（2）」でお話したことは、英語は大きく内容語と機能語の2つに分けられるということでした。内容語は、名詞、動詞、形容詞、副詞などで、私はまとめて「名・動・形・副」と呼んでいます。一方、機能語は、冠詞、代名詞、前置詞、接続詞、関係詞（関係代名詞と関係副詞）などです。上の2文を2つのグループに分け、さらにアクセント（語強勢）のある音節を□で囲んでみると、

|Thank| you for |com|ing to the |Christ|mas |par|ty to|night|.
I'm |ve|ry |hap|py to |see| you at the |con|cert |a|gain|.

になります。このとき、英語では□で囲んだ音節との間がほぼ同じ間隔で読まれます。これを「リズムの等時性」と言います。ちょうどメトロノームか何かでチクタク同じように間をおくようにすると、英語らしい読み方になります。では、上の2文の単語をほぼ同間隔になるように配置してみましょう。

| Thank | you for | com|ing to the | Christ|mas | | party | | to|night. |
| I'm | very | | hap|py to | | see | you at the | con|cert | | again. |

こうすることで英語はまるで尺取虫のような一定の強弱リズムを繰り返す感覚を身につけることができます。日本語が2音で1組であったのとは対照的ですが、英語のリズム構造がこれではっきりと見えてきたのではないでしょうか。

ということは、中学校から英語を習い始めても正しい英語のリズムに則った音読練習をしない限り、いつまでたっても日本語のリズム（単調なカタカナ英語）で英語を読むことになり、英語が相手には通じません。

逆に言えば、英語式の日本語とは、日本語の高低リズムを英語の強弱リズムで言うことです。よく日本語に不慣れなアメリカ人が「わたーしはあめーりかじん　でーす」のように発音するのを耳にしますが、それがまさに英語的な日本語であり、英語のリズムを残した日本語だと言えます。

英語を話す人にとって、英語の持つ強弱リズムから抜け出すことが困難であることを物語っているのです。日本人のお経的な英語はリズム感がなく、何が言いたいのかが伝わりにくいことと正反対なのです。

## 15. 英語らしい読み方（4）：音調核

皆さんにとって「音調核」という言葉はちょっと聞き慣れないかもしれませんが、実を言うと英語のリズムを習得する上で重要な音声要素なのです。日本人は日本語の影響で英語を読むときに英文の最初を高く発音し、最後の方は先細りに読む傾向があります。でも、英語はその反対で、最後

の単語（内容語）をきっちりと高く発音します。

　たとえば、"I go to school every day." という英文であれば、文末の day を高く、長く読むのです。日本人だと主語の I を高く読んで、最後が尻切れトンボみたいになるよう読む人が多いようですが、もう少しわかりやすく大文字を使って表記すると、"I GO to SCHOOL EVEry *DAY*." といった感じで読むと英語らしくなります。

　ただし、最後の単語が内容語ではなくて機能語である場合は、機能語の前の内容語に音調核が来ます。たとえば、"I'll see you." だと、"I'll SEE you." といった感じで読みます。もし、機能語が2つあるとすれば、"I'll talk to her." だとして、"I'll TALK to her." のように読むわけです。

　ここに 2002 年度にセンター試験（英語）で出題された文強勢問題があります。"I haven't thought about it." の英文において、どの単語を1番強く読みますか、という問題が出題されました。ある県立高校の英語教師が日本語の発想から「それはまだ考えたことはない」の意味だから、否定語の haven't が1番強いと答えました。ところが、正解は thought なのです。これは今紹介した「音調核」の知識があればそれほど迷うことはないと思いますが、高校の英語の先生でもつい間違えてしまう音声問題なのです。

　でも、この音調核にも例外というものはあります。そこで、参考になるルールを紹介します。機能語はいつも弱く発音されるわけではないということです。対比や強調したいときには、機能語であっても内容語のように高く、長く読みますし、強弱リズムの関係で機能語が最後に来ても強く読みます。

　たとえば、以下の対比や強調の例文を見てみましょう。

≪対比の例≫

Do you WANT to PUT the BOOK *ON* the TABle or *UNder* the TABle?
（その本をテーブルの上に置きたいの、それとも下に置きたいの？）
I'm TALKing about *YOU*, NOT *HER*.
（あなたのことを話しているの、彼女じゃないよ）

≪強調の例≫
I *DO* enJOY reLAXing at HOME.
　（家でゆっくりするのが本当に楽しみだ）
I *AM* a MEMber of the MUsic CLUB.（私は本当に音楽部員なんです）

≪強弱リズムの例≫
Can you PLAY the vioLIN? — Yes, I *CAN*.
　（バイオリンが弾けますか。はい、弾けます）
WHAT are you LOOKing *FOR*?
　（何を探しているの？【何ぐずぐずしているの？】）

　ここで少し注意することがあります。音調核が最後に来ると比較的読みやすいのですが、文の途中に音調核が来る場合は、その単語を読んだあとはイントネーションを下げたまま最後まで一気に読まないといけないのです。強調の例文ならば、

I *DO* enjoy relaxing at home.
　（家でくつろぐことが本当に楽しいです）

のような気持ちで読まないと代動詞 DO が際立ちませんし、話者の意図が明確には伝わりません。また、対比をする場合、import （輸入する）と export（輸出する）を使って、

Are you going to im*PORT* or *EX*port such goods?
　（そのような商品を輸入するの、それとも輸出するの？）

のように、最初 import は通常のアクセント位置で、次の export は対比をより際立たせるため否定の接頭辞 ex にアクセントを置いて読むのです。英語の文は実にうまくできているでしょう。

## 16. 英語らしい読み方（5）: 複合語と名詞句

皆さんは "He is a woman doctor." という英文が可能だと思いますか。私は中学1年生の4月の英語授業で「英語教師」を _ENG_lish teacher と習いました。でも、アクセントを後ろにおいて English _TEACH_er と読めば「イングランド出身の教師」を意味するとは全然知りませんでした。「野球」のアクセントが BASEball であって、なぜ baseBALL ではいけないのかと私が中学生の時に思ったことは第1章でお話ししましたね。

その後、しばらく経ってから米国のホワイトハウスを the _WHITE_ house と発音し、a white _HOUSE_（白い家）を区別することを知りました。そう言えば、_hot_ dog「ホットドッグ」を hot _DOG_ と発音すれば「熱い犬」の意味になっては大変です。どうしてこんな基本的なことを中学校で教えてくれなかったのかなと思ったものです。

そうそう、ホットドッグで思い出しました。日本では「アメリカンドッグ」と言って、フランクフルトソーセージにコーンミールの衣をつけて揚げた物を売っていますが、英語ではこれを "corn dog" と言います。"American dog" は単純に「アメリカの犬（の肉）」を意味します。それに、英語でハンバーグは "hamburg" ではなく、"Salisbury steak" と呼んでいます。全然違いますね。大文字で始まる "Hamburg" とはドイツの港町のことで、ハンバーグ発祥の地と言われています。カタカナ英語には十分に気をつけましょう。

このように、複合語は1つのまとまった意味を持っていますが、名詞句は語句そのものの意味を表します。つまり、最初の英文は「彼は婦人科の医者である」ならば可能で、「彼は女性の医者である」はあり得ないことになります。複合語の読み方は、_WO_man doctor と発音しますが、名詞句を woman _DOC_tor と発音すると相手は変な顔をするわけです。

そこで、4種類の複合語と名詞句のパターンを次のページで紹介しましょう。なお、〔 〕内の音の強さは「強・中・弱」の3段階で表示していますが、これは大凡の目安で、〔中＋強〕を〔弱＋強〕と考えても大丈夫です。上の例のうちで④だけが本来は複合語であるにもかかわらず、名詞

① 「形容詞＋名詞」の場合

複合語〔強＋弱〕　　　　　　　名詞句〔中＋強〕
Bíg Bird（ビッグバード）　　　big bírd（大きい鳥）
bíghorn（オオツノ羊）　　　　big hórn（大きい角）
bíg house（刑務所）　　　　　big hóuse（大きい家）

② 「名詞＋名詞」の場合

複合語〔強＋弱〕　　　　　　　名詞句〔中＋強〕
báby doctor（乳児専門医）　　baby dóctor（赤ちゃんの医者）
bóardroom（重役室）　　　　　board róom（板製の部屋）
bréadwinner（一家の稼ぎ手）　bread wínner（パンの勝利者）

③ 「～ing＋名詞」の場合

複合語〔強＋弱〕　　　　　　　名詞句〔中＋強〕
ánswering machine（留守番電話）　answering béll（応答しているベル）
bóarding pass（搭乗券）　　　　　boarding mán（搭乗している男性）
chéwing gum（チューインガム）　 chewing womán（噛んでいる女性）

④ 複合語のリズム〔強＋弱〕をとらない名詞句の例外

複合語〔強＋弱〕　　　　　　　名詞句〔中＋強〕　☞ 例外
bírthday suit（丸裸）　　　　apple cíder（リンゴ酒）
bráin death（脳死）　　　　　apple píe（アップルパイ）
clássical music（クラシック音楽）　black pépper（黒コショウ）

句のリズムパターンをとる例外です。複合語であれば〔強＋弱〕で読めばいいわけですが、〔中＋強〕で読みますので少し注意が必要です。

## 17. アクセント移動の秘話：*Japanese students* の読み方

中学校で最初の頃に習った Japanese や afternoon はアクセントが常に

決まっていて、テストに出題されたときも Jap-a-nese や af-ter-noon は 3 番目の音節にアクセント（語強勢）がくると答えたものです。アクセントは不変であると教えられたからです。でも、本当にそうなのでしょうか。

　実を言うと、場合によってアクセントは移動（アクセント・シフトと言う）するのです。その理由は、「12. 英語らしい読み方（1）」で紹介したリズムが関係しています。たとえば、単独で Jap-a-nese なら 3 番目の音節にアクセントが来ますが、Jap-a-nese stu-dent となると事情が異なってきます。それは stu-dent が 1 番目の音節にアクセントが来るので、Jap-a-nese を前に置くと、アクセント同士が「弱＋弱＋強＋強＋弱」のようにぶつかってしまいます。

　この衝突を避けるために Jap-a-nese のもともと 3 番目にあったアクセントを 1 番目（第 2 アクセント）に移動させ「強＋弱＋弱＋強＋弱」のリズムにします。もう少しわかりやすく書くと、Jap-a-NESE STU-dent → JAP-a-nese STU-dent になります。読んでみてください。どうですか。アクセントが移動した方の強弱リズムが読みやすいでしょう。

　同じようにして、afterNOON TEA → AFternoon TEA、ChiNESE FRIEND → CHInese FRIEND などでも「アクセント・シフト」が起きます。基本的に最後にアクセントを持つ単語の後に第 1 アクセントのある単語が連続した場合に起こる現象ですが、英語を母語として使う欧米人は自然にできます。

　また、数字でも、特に 13 から 19 までの -teen がつくのも同様な変化をします。たとえば、thirTEEN PLAYers → THIRteen PLAYers、fourTEEN BOYS → fourTEEN BOYS、fifTEEN Apples → FIFteen APples のようにアクセントが移動します。本当に面白い現象ですよね。よく注意してみると、欧米人が英語で数字を数えるとき、one から thirTEEN まで言ったら、FOURteen, FIFteen, SIXteen, SEVenteen, EIGHTteen, NINEteen と言っています。違いを際立たせるために、自然と 1 桁の数字を強調しているんですね。これも相手にわかりやすいように伝えようとする意識の現われだと思います。

　私は中学校でいつも「〜ティーン」を強調して数字を覚えていましたが、

知らないうちに不自然な数え方を身につけていたんですね。もともと、thirteen と thirty は発音が似ていて紛らわしかったので、アクセントの位置を変えることで両者を区別していたのです。

そこで試しに、手持ちの辞書で Japanese, Chinese, afternoon などの単語を調べてみてください。そうすると「限定用法」という言葉が載っています。本来、これらの単語のアクセント（語強勢）は後半（第2音節か第3音節）にあります。でも、後続する単語が第1音節にアクセントを持っている場合は、アクセントが第2アクセントに位置に移動するわけで、Japanese language や Japanese teacher なども同様です。ついでに中学校英語教科書を全部見てみると、なんとこの「アクセント・シフト」を紹介しているのは、"Columbus 21 English Course"（光村図書）という教科書だけでした。こんな大事なことをなぜすべての教科書で説明してくれないのでしょうか。

次に、数え方で日本語の面白いことをお話しましょう。日本語では1から10までを数えるときとその逆で10から1まで降りてくるときがありますが、実を言うと同じ読み方をしていません。特に、数字の4と7と9に注目してみてください。数字が昇っていくときは4を「し」と読み、降りるときは「よん」と読みます。同様に数字の7は「しち／なな」、9は「く／きゅう」と2種類の読み方をしますが、考えてみると不思議ですよね。それに加えて「いち、に、さん……」と「ひとつ、ふたつ、みっつ……」といった2種類の数え方があるのも面白いと思います。私はアメリカで日本語を教えた経験があるのですが、当時の学生たちが日本語で数字を数えるのに苦労していたことを思い出します。

さて、欧米人はアクセント（語強勢）の位置が瞬間的にわかるのでしょうか。もしそうだとすればテストで簡単に答えられますよね。私は馬鹿正直に1つ1つ単語のつづりと意味、それにアクセントを覚えていました。そして、あるとき「あれっ、これって前に習った単語のアクセントと同じ位置じゃないのかな」と思いました。中学1年生では単語数自体が少ないので、もっと単語が増えてから気づいたのですが、それは -tion が接尾辞になっている場合でした。中学1年生では、question, vacation, station

などが教科書に載っていました。

　中学２年生以降になると、education, recreation, tradition といった単語が出てきました。これら６つの単語を発音していると、いつも -tion の前にアクセントが来ることに薄々気づいていたので、information といった新出単語が出てきてもどこにアクセントが来るかを容易に予想できたわけです。でも、アクセントの位置をさっと見つけるルールはないものか、どうして英語の先生はこんなに便利な方法を教えてくれないのかなと思ったものです。

　そして、高校に入学すると１回の英語の授業で学習する単語数が中学校の３倍ぐらいに増え、単語テストを受けることがうんざりするようになってきました。いくら英単語を覚えても単語テストが終われば、すぐに単語を忘れてしまうのです。アクセントには例外がないわけではありませんが、一定のルールがありますので、それを覚えておくと大変有効です。役立つアクセントルールを３つだけ紹介しましょう。

1. -ia, -ial, -ian, -ic, -ical, -ics, -ity の<u>直前の音節</u>にアクセント（語強勢）が来ます。
   例：Eutopia, commercial, musician, economic, electrical, electronics, university
2. -ate, -fy. -ite, -ize, -ory, -ous, -tude の<u>２つ前の音節</u>にアクセント（語強勢）が来ます。
   例：chocolate, satisfy, favorite, realize, inventory, infamous, magnitude（例外：locate, create, debate などは第２アクセント）
3. -ade, -ee, -eer, -ese, -ine, -oon の<u>音節そのもの</u>にアクセント（語強勢）が来ます。
   例：lemonade, employee, engineer, Chinese, machine, cartoon

　たった３つだけですが、この３つだけでも覚えておくとアクセント（語強勢）の位置を比較的簡単に見分けることができます。

　中学校で約1,000語の基本語を習ってから高校へ行くと英語の単語が覚

えられなくなることが多いのは、アクセントのルールを教えてもらえないことが原因の一つだと考えられます。アクセントの位置を全部覚えてからルール化するのではあまりにも遅すぎます。私たちの身近にあるカタカナ語からアクセントのルールを習い始めれば、単語を覚えることがそれほど苦痛にならないでしょう。

## 18. 三拍子の英語の歌の秘話

　中学校で英語の歌を習いましたか。どの教科書にもすべての学年で2～3曲英語の歌を紹介しています。今でもビートルズやカーペンターズの歌はほとんどの教科書に掲載されていますが、実を言うと英語の歌には三拍子の歌が多いということを知っていますか。三拍子と言うと、ダンスで使われるワルツやメヌエットなど「ブン・チャッ・チャッ」というリズムを思い出してください。

　ところが、日本には三拍子の曲が数えるほどで極端に少ないのです。私が調べたところでは、次ページの表19のように（文部省）唱歌が11曲、民謡が9曲、童謡が8曲、アニメソングが14曲、そして歌謡曲が23曲で、合計67曲でした。日本に何千何万という数の曲がある中で、三拍子はたったの67曲だけです。

　日本にあるわらべ歌のリズムを調査した鷲津（2006）によると、日本に存在する512曲あるわらべ歌のうちで、三拍子のリズムをもった歌はたったの5曲であったと報告していますし、成瀬（2010）が行った子ども対象の曲の調査によれば、約180曲の中で三拍子の曲はわずか15曲だったそうです。

　では、どうして日本では三拍子の曲がこれほど少ないのでしょうか。もともと日本には二拍子や四拍子の曲が多く、三拍子はあまりないのです。その理由は、農耕文化と狩猟文化の違いにあると考えられています。日本では毎日、田畑で農耕に従事し、欧米人のような移動する生活をしませんでした。

　一方、西洋諸国は馬に乗っての狩猟生活が中心で、常に移動することが

表19：日本の三拍子の曲

| | |
|---|---|
| 唱 歌 | おぼろ月夜、羽衣、海、冬景色、早春賦、若葉、故郷、鯉のぼり、灯台守、浜辺の歌、港 |
| 民 謡 | 仰げば尊し、庭の千草、ゴンドラの唄、七里ヶ浜哀歌、宵待ち草、朝、おぼろ月夜、活動写真、青葉の笛 |
| 童 謡 | 赤とんぼ、ぞうさん、雨降りお月さん、背くらべ、山のワルツ、子どもの楽隊、思い出のアルバム、ありさんのおはなし |
| アニメ | ひみつのアッコちゃん、エッちゃん、小鹿のバンビ、砂の十字架、千と千尋の神隠し、ハウルの動く城、世界の約束、夢の世界へ、人生のメリーゴーランド、侍ジャイアンツ、かあさんおはよう、幸せを呼ぶリミットちゃん、炎のたからもの、海原を行く |
| 歌謡曲 | 星影のワルツ、知床旅情、みかんの花咲く丘、知りたくないの、今日でお別れ、悲しい酒、あばよ、男と女の話、めだかの兄妹、アメリカ橋、精霊流し、今日の日はさようなら、風雪ながれ旅、白雲の城、昭和枯れすすき、アザミ嬢のララバイ、白いワルツ、出航、砂の十字架、いつも何度でも、部屋とYシャツと私、渦、エーテルダンス |

当たり前でした。定住生活の日本人が生み出す音楽は田畑で足を踏んだりして作り出す四拍子（二拍子の２倍のリズム）の掛け声が基本となり、動物を追いかける狩猟民はテンポの速くて軽快な三拍子の曲が基本となりました。

　もちろん、欧米諸国の音楽には四拍子の曲があまり存在しないという意味では決してありません。四拍子の曲やその他の拍子の曲がたくさんありますが、日本の音楽に三拍子の曲が極端に少ないことが特徴として挙げられます。

　また、日本の伝統文化に夏の風物詩である盆踊りがありますが、この盆踊りはすべて四拍子です。それに、大漁や収穫を祝う歌なども四拍子の曲ばかりです。これに対して、西洋音楽には三拍子の代表格であるワルツやメヌエット以外にも、マズルカ、ポロネーズ、スケルツォ、シャコンヌ、

クーラント、サラバンド、ジーグなどさまざまな種類があり、いずれも四分の三拍子です。

　実を言うと、私たち日本人はこのワルツのリズムが不得手なのです。日本人は四拍子のリズムに慣れているため、三拍子のリズムを持つタンゴやルンバといったダンスを踊ることはあまり得意ではありません。日本古来の舞踊とはまったく異なるリズムを持つ西洋のダンスは日本人にとって異色の音楽リズムなのです。

　このため、日本人にとって英語はリズムが1つの大きな原因となって、比較的身に付けにくい言語であると言えます。英語のリズムはよく「強・弱アクセント」が特徴で、日本語は「上・下アクセント」のリズムであると言われますが、語彙や文法的な違いだけではなく、このように音声的な違いが日本人にとって英語習得に及ぼす影響は大きいと考えられます。一方で、ヨーロッパ人は国境が接する国の言語を2～3ヶ国語を話せることは決して珍しくありません。言語が互いによく似ているので、覚えることは比較的易しいのです。

　西洋に三拍子が多いのには理由があります。「三位一体」という考え方がキリスト教の原理であるため、三拍子が正しい拍子だと取れるのです。そのため三拍子の曲を好む傾向が強く、アウフタクトと呼ばれる弱拍、また弱起の曲が多いのです。

　そして、その理由は英語と関係しています。前置詞句で、たとえば in my house や at home などのように大切な言葉、つまり名詞が最初に来ないことが多いのです。文頭でも、"I think you are right."のようにストレスが来ることは多くないのです。一方、日本語では文頭に重要な言葉が来ることが多いため、二拍子や四拍子の曲がぴったり合うんです。

　このように、言葉は音楽と密接な結びつきを持っていると考えられるのですが、音楽と言葉がお互いにこれほど影響し合っているとはあまり気づきませんよね。

　最後に、世界には約6,000種類もの言語があるなかで、文字が存在しない言語は半数以上だと考えられていますので、音声が果たす役割がいかに大きいのかが理解できると思います。

## 19. リエゾン（音の連結）の秘話

　リエゾン（liaison）はもともとフランス語で「（音の）連結」を意味します。英語では linking と言います。link はパソコン用語でもあるので、「リンク」と聞けば「つなぐ」感じが想像できると思います。
　さて、このリエゾンですが、実を言うと英語のリズムを形成するのに不可欠な要素なのです。「13. 英語らしい読み方（2）」のところで英語のリズムは強弱が繰り返されると述べましたが、この強弱をスムーズにするためにリエゾンが必要になってきます。リエゾンは単に音の連結だけではなく、「音の同化」も意味します。では、連結の方から例を挙げながら説明します。たとえば、

　I eat an apple every day.　（私は毎日1個リンゴを食べます）

と言うとき、eat と an, an と apple の2箇所で自然にリエゾンが起こります。カタカナ発音で書くと、〔イータナ〕と〔アナポー〕のような感じで、eat␣an␣apple の3語をつなぎ合わせると、〔イータナポー〕のような発音になります。決して〔イートアンアップル〕にはなりません。リエゾンの原理は「初めの単語の最後の子音＋次の単語の最初の母音」です。
　私が中学校1年の英語の授業で、ある女子中学生が "I have two pens." を〔アイハヴァトゥーペンズ〕のように発音していました。「あれっ、a がないのに変な発音だなあ」と思っていましたが、理由があとでわかったのです。
　実を言うと、この英文を習う前に "I have a pen." を練習していたのです。これだと have␣a で〔ハヴァ〕とリエゾンが起きますよね。その女の子はその部分の発音が頭に残っていたために、a pen が pens と複数形になって a が取れていることに気づかず〔ハヴァ〕と発音していたんです。でも、今から考えるとその女子中学生は無意識にリエゾンができていたわけです。
　では、リエゾンの例を中学校英語教科書 "New Horizon English Course

（東京書籍、1年生）"のユニット2とユニット3から紹介します。なお、リエゾンは ‿ の記号で示します。

This‿is my ball.　That‿is my desk.
Is‿that‿a restaurant?　—Yes,‿it‿is. No, it‿is not.
I have‿a car.　I like soccer, but‿I don't like tennis.

　英語学習の初期段階でもリエゾンはたくさん登場します。この時期にリエゾンを理解し、練習を積んでおけば聞き取りのときに最大の効果を発揮します。と言うのは、日本人の英語リスニング力が低いのはリエゾンを知らないため、聴き取ることが困難である場合が多いのです。つまり、音がつながって聞こえるため、もとの単語がどうなっているのか分けて単語の意味を理解することが難しいと感じるのです。その点で、リエゾンの基本をマスターすれば、単語同士がたとえつながっていても、耳では単語が分かれていると感じながら聴き取れるようになるのです。
　もう1つのリエゾンは「同化（assimilation）」です。音がつながるという意味では同じようなことですが、原理が根本的に異なります。さきほど「初めの単語の最後の子音＋次の単語の最初の母音」がリエゾン（連結）の原理だと述べましたが、同化の場合、発音記号で表記するとすれば、「[t]/[d]/[s]/[z]＋[j]」の組み合わせになります。以下の具体的な例で示してみましょう。〔　〕内は実際に近い発音をカタカナで表記しています。

　1. meet + you → meetyou〔ミーチュ〕
　2. did + you → didyou〔ディチュ〕
　3. this + year → thisyear〔ディシヤ〕
　4. is + your → isyour〔イジョア〕

「子音＋母音」ではなく、「子音＋子音」である点が連結と少し異なりますが、要はyouにつなげるときに発音が同化されてしまうので、これに慣れる必要があります。それにyouが入る場合は実に多くあるので、発音が

できて、しかも聴き取ることができる両方の練習が大切になります。ただし、同化はこれだけではなく、基本的に「子音＋you」であれば可能です。他例を紹介しましょう。

　If‿you want, I'll give‿you an‿example.
　（お望みなら、例を挙げます）
　I really want to help‿you.
　（本当にあなたを助けたいのです）
　I watch movies just like‿you.
　（ちょうど君のように映画を見ます）

また、子音には [p]/[b]/[k]/[g]/[f]/[v]/[m]/[n]/[ŋ][l]/[r] などがありますので、すべて同化がありえます。主な例を紹介しましょう。

　1. help + you → helpyou〔ヘルピュー〕
　2. like + you → likeyou〔ライキュー〕
　3. love + you → loveyou〔ラヴュー〕
　4. in + your → inyour〔イニョアー〕
　5. giving + you → givingyou〔ギィヴィンギョア〕
　6. tell + you → tellyou〔テリョア〕
　7. for + you → foryou〔フォリュー〕

　このように、自然な会話ではyouやyourが続くと音が合成されて変化しますので、よく練習をして慣れることで聴き取り力を伸ばすことになると思います。

## 20. 英語フォニックスの秘話

　フォニックスとは英語でphonics（phone＋ics＝音素学）を意味し、単語のつづりと発音のルールを意味します。たとえば、ball, call, fall, hall, mall, tall, wall という単語にはすべて -all が付いています。また、-all の変形でal-が語頭に付いた単語に almost, already, always などがあります。もし、このようなフォニックスのルールを覚えると、なんと約 85%以上の英単語を規則的に覚えることができ、しかも忘れにくいと言われています。

　私事で少々恥ずかしいのですが、実を言うと、中学校1年の英語の授業で baseball のつづりを「バセバ11（じゅういち）」と完全なローマ字式で覚えました。11 というのは L の小文字が数字の 1 に似ていたからです。他にも、tennis を〔テンニス〕、name を〔ナメ〕、英文では "How are you?" を〔ホウ・アレ・ヨウ〕などと言ったり、書いたりしながら、単語のつづりと発音を苦労して覚えたものです。ただ、このように苦労して覚えた単語のつづりは何十年経った今でも忘れていません。やはり、スポーツと同じで、小さい頃の練習や記憶は決して裏切らないんですね。

　ところが、このローマ字式ではうまく覚えられない単語がありました。たとえば、school は〔スチュオオ1〕と崩したり、girl は苦し紛れに〔ギルル〕、exercise は〔エクセルシセ〕などと変形したりして記憶したものです。なにしろ英語の単語のつづりを覚えるにはローマ字式一辺倒では無理だったのです。

　では、欧米の児童・生徒はどうやって英単語のつづりを覚えるのでしょうか。その答えが何度も紹介している「フォニックス（phonics）」というルールです。このルールは細かく分類すると 100 種類近くもあって全部を覚えるのは大変面倒なので、ここでは初心者にとって役立つ基本中の基本である英語フォニックスのルールを 6 つだけ紹介します。

① 単母音（a, e, i, o, u）
② e がついた発音（a-e, e-e, i-e, o-e, u-e）
③ 二重母音（ai/ay, ou/ow, au/aw, oy/oi, oo, ea, ee）
④ r の付いた発音（ar, er, ir, or, ur, air, are, ire, ear, our）
⑤ 二重子音（ch, ck, sh, ng, th）
⑥ 日本語にない子音（l/r, th, f/v）

まず、中学１年生の１学期中に出てくる単語に共通する発音を一覧表にしてルールにまとめることから始めます。母音に関して、①と②のルールから、

- cap＋e＝cape　例：bake, date, gate, lake, sale, take など
- pet＋e＝Pete　例：gene, mete, scene, theme, these など
- kit＋e＝kite　例：bike, fine, line, mine, nine, wine など
- not＋e＝note　例：joke, nose, poke, rope, rose, woke など
- cub＋e＝cube　例：cute, duke, fuse, lute, sure, tube など

といった関係があることを知っていますか。それは、母音（a, e, i, o, u）の後にeがつくと、母音がアルファベットでの読み方（エイ、イー、アイ、オウ、ユー）の発音に変わることです。これを覚えておくと、その後の中学１年で学習する bake, cake, lake, make, take といった単語の発音グループが１つ出来上がります。私が中学生のときは、これらの単語を〔バケ、カケ、ラケ、マケ、タケ〕という風にローマ字式に暗記しました。

　ある時、ある人から "To be to be ten made to be." をどう読むのかと聞かれたことがありますが、実はこれは英語ではなく、単にローマ字式の発音で、「飛べ、飛べ、天まで飛べ」を読むという冗談のような文字遊びだったのです（笑）。

　私が小学生の頃、デパートの専門店に掲げてある "For Sale" という英語の看板を見かけましたが、どう発音するのかわかりませんでした。ローマ字式に「フォー・サレ」とは何なのかなと思ったものです。これとよく似た単語に dale, hale, male, pale, tale, wale など -ale の付く発音のグループが考えられますよね。

　そうそう、思い出しました。私が小学５年生の頃、家に初めてカラーテレビが届きました。そのとき、"AUTO" という表示ボタンを見て、電気屋さんに「アウトって何ですか」と私が聞いたことを覚えています。「これはオートって読むんだ。自動という意味だよ」と教えてくれました。"AUTO" を〔アウト〕とローマ字式に読んだ理由は、４年生になってロ

ーマ字を習い始めていたからです。その時、英語とローマ字の発音は全然違うんだと初めて知ったのでした。

次に、③のルール（ai/ay, ou/ow, au/aw, oy/oi, oo, ea, ee）からいくつか紹介しますと、

- rain/play, train/tray, grain/gray
- about/how, found/cow, loud/crown
- auto/awful, autumn/strawberry
- boy/boil, coy/coil, soy/soil, toy/toil
- book/cool, foot/pool, cook/school, hook/stool
- head/feet, spread/speech, bread/breed, breakfast/breeze

次に、④のルール（ar, er, ir, or, ur, air, are, ire, ear, our）からいくつか紹介しましょう。

- star, her, stir, color, burn
- hair/hare, pair/pare, stair/stare
- fire/fear/four, hire/hear/hour, tire/tear/tour

また、⑤のルール（ch, ck, sh, ng, th）からいくつか紹介しましょう。

- church, choose, choice, chocolate, chance
- kick, stick, brick, check, deck
- shot, shake, shave, shadow, shower
- king, ring, swing, bring, bowling
- this, that, there, these, those
- thing, thick, think, thought, thin

最後に、⑥から light/right や face/vase などの関係を見出すことができます。

- late/rate, long/wrong, led/red, lane/rain, low/row
- fat/vat, fan/van, fine/vine, fail/vail, fast/vast

このように、フォニックスのルール、つまり音とつづりの規則的な関係を覚えてしまうと、発音の仕方を知らない単語であってもルールを活用して読むことができるのです。実に効率のよい学習法だと言えます。詳細は手島（2006）『英語の発音・ルールブック』が大変参考になります。

## 21. 発音（連声）の秘話

英語の母音の種類は数え方によっていろいろありますが、アメリカ英語の場合で言うと、基本的に母音が24個、子音が26個、合計で50個もあります。これに対して、日本語の母音は5個、子音は18個の合計23個と英語の半分以下です。そのため、日本人が英語の発音を覚えるのは大変ですが、反対に欧米人が日本語の発音を覚えるのは比較的簡単です。下の表で確認してみましょう。

表20：母音（24種類）

| 文字 | 発音記号 | 単語例 | 文字 | 発音記号 | 単語例 |
|---|---|---|---|---|---|
| i | [i] | bit, fit, pin | i-e/ie | [ai] | bite, kite, pie |
| ea/ee | [iː] | feel, meet, speak | a-e/ai/ay | [ei] | date, rain, way |
| e/ea | [e] | pet, set, head | ou/ow | [au] | out, sound, now |
| a | [æ] | bat, cat, map | o-e/oa/o | [ou] | hope, boat, snow |
| o | [ɑ] | dog, hot, lock | oi/oy | [ɔi] | boil, boy, toy |
| a/al | [ɑː] | calm, father, palm | ire/ear | [iɚ] | fire, tire, year |
| au/aw | [ɔː] | sauce, auto, law | air/are | [ɛɚ] | hair, chair, care |
| oo | [u] | book, cook, foot | ar | [ɑɚ] | car, park, star |
| oo | [uː] | boot, cool, root | er/ir/ur | [ɚː] | term, bird, turn |
| u | [ʌ] | but, cup, luck | or/ore | [ɔɚ] | corn, fork, store |
| a | [ə] | about, ago, away | oor/ure | [uɚ] | poor, endure |
| ower | [ouɚ] | lower, mower | our/ower | [auɚ] | hour, flower, power |

英語の発音で日本語にない発音は何でしょうか。こう尋ねると「全部！」という答えが返ってきそうです。本当のことを言えば、まったく同じ発音は存在しない、と言った方がいいでしょう。そうなると全部覚えなくてはいけないということになり負荷は相当なものになります。

　そこで、英語でこれを覚えたら英語らしい発音ができる子音は何でしょう、と質問を切り替えます。すると一気に数は減ります。たったの６個で十分だと思ってください。「えっ、６つだけなの？」と思うかもしれませんが、私が指導するときは、この６音は必ず舌と歯（と下唇）をきっちりと使って練習しますし、授業でも英語の発音をうまくするコツはこの舌先の使い方だと強調しています。

表21：子音（26種類）

| 文字 | 発音記号 | 単語例 | 文字 | 発音記号 | 単語例 |
|---|---|---|---|---|---|
| p | [p] | part, pet, pool | m | [m] | map, melon, mine |
| b | [b] | ball, bread, but | n | [n] | net, not, notebook |
| c/k | [k] | cat, king, kick | ng | [ŋ] | long, ring, song |
| g | [g] | gate, goal, great | th | [θ] | thank, thin, bath |
| t | [t] | ten, tall, ticket | th | [ð] | this, that, with |
| d | [d] | dog, dance, date | l | [l] | light, left, lion |
| f | [f] | fall, film, fence | r/wr | [r] | right, run, write |
| v | [v] | van, video, violin | w | [w] | wet, winter, water |
| s/c | [s] | sea, sun, center | y | [j] | year, yogurt, young |
| z | [z] | zero, zebra, zoo | g/j/dge | [dʒ] | giant, jet, judge |
| h | [h] | hot, heart, hard | s | [ʒ] | leisure, pleasure |
| sh | [ʃ] | shot, shop, shut | ts | [ts] | bats, cats, hats |
| ch/tch | [tʃ] | chair, chip, catch | ds | [dz] | cards, sides, reads |

　では、英語にある独特な子音とは何でしょうか。それを発音記号で示すと〔l/r〕、〔f/v〕、〔θ/ð〕の６種類です。日本人で英語の発音がきれいな人は例外なく舌先がうまく使えますが、この６音が日本語の発音にはないのです。私も中学時代からこの発音は徹底的に個人で練習をしたものです。

そして、舌先を使う子音には〔t, d, l, n, tʃ, dʒ, ts, dz〕など8音があり、子音のほぼ3分の1を占めます。普通、英単語のつづり字では、t, d, l, n, ch, j/dge, ts, ds/des などで始まったり終わったりしています。これら8音の舌先を使う子音がうまく操れると実際英語の発音がうまいと思ってもらえるので、十分に練習を積むことをお勧めします。

　さて、日本語の発音に「連声（れんじょう）」というものがあることを知っていますか。たとえば、「因縁」、「観音」、「安穏」の本来の発音は「いんえん」、「かんおん」、「あんおん」ですが、「いんねん」、「かんのん」、「あんのん」と読みますよね。「三位一体」の「さんみ」は、本来「さんい」のはずです。では、これらに共通することは何でしょうか。

　これを全部ローマ字で表記してみるとそのカラクリがわかります。つまり、「因縁」は in-nen、「観音」は kan-non、「安穏」は an-non、「三位」は sam-mi ですね。この4つに共通することは、m か n のような子音が続く時、どうしても母音が発音しにくいため、自然と子音を重ねて発音するのです。実を言うと、この発音の方が欧米人にとって易しくなります。母音を単独で発音する場合、たとえば「パンを食べる」と言いいたい時、pan-o の部分が pan-no taberu（パンの食べる）のような発音になりやすいのです。

## 22. 音韻の秘話：頭韻と脚韻

　有名な Mother Goose（英語の伝統童謡）の中に、"Twinkle, Twinkle, Little Star" と呼ばれる英語の歌があります。日本では「きらきら星」と呼ばれています。以下に、英語と日本語の歌詞を載せます。

| | |
|---|---|
| Twinkle twinkle little star | きらきらひかる |
| How I wonder what you are | おそらのほしよ |
| Up above the world so high | まばたきしては |
| Like a diamond in the sky | みんなをみてる |

まず、この歌詞の□で囲んだ単語の発音（特に母音）に着目してください。1行目と2行目、3行目と4行目でペアになっている共通した母音は何でしょうか。そうです。1行目と2行目は「アー」、3行目と4行目では「アィ」の母音がありますね。単語の尻尾（脚）の発音がそれぞれ韻を踏んでいるので、「脚韻」と言います。

　一昔前「セ<u>ブン</u>、イレ<u>ブン</u>、いい気<u>分</u>」というコンビニの宣伝文句が流行しました。日本語では下線で示した「ブン」が「脚韻」になっていますが、英語では、"Thanks H<u>eaven</u>, S<u>even</u> El<u>even</u>."と言い、「エヴン」の発音が完全な「脚韻」になっています。

　もう一つの韻は「頭韻」と呼ばれるもので、<u>B</u>ig <u>B</u>en, <u>B</u>ig <u>B</u>ird, <u>C</u>oca-<u>C</u>ola, <u>D</u>onald <u>D</u>uck, <u>D</u>unkin <u>D</u>onut, <u>K</u>ing <u>K</u>ong, <u>K</u>it <u>K</u>at, <u>M</u>ickey <u>M</u>ouse, <u>M</u>innie <u>M</u>ouse, <u>P</u>eter <u>P</u>an, <u>S</u>esame <u>S</u>treet などのように、下線を引いた単語の頭の発音（今度は子音）が韻を踏んでいるので「頭韻」と言い、キャラクター名や登録商標名が多く例としてあげられます。

　私は小学生の夏休みに教育テレビで「セサミストリート」を見ていました。そこに登場する「ビッグバード」が大好きでしたが、頭韻が使われているとは想像もしませんでした。頭韻や脚韻のように韻を踏んでいる単語や文は確かに言いやすく、覚えやすいですよね。

　日本語でも、氏名に頭韻や脚韻が入っていることがあります。でも、厳密に言えば、英語のような頭韻や脚韻ではありません。日本語は英語と違い、母音で終わる開放母音なので、母音だけの韻ではなく、子音を含めた韻ができます。

　たとえば、以前、NHKラジオ第1放送の午後6時の番組に出演されていた解説委員の五十嵐公利（いがら<u>し</u>・きみと<u>し</u>）氏も、指名の最後が「し」の脚韻です。一方、ドイツの大学でアコーディオンを教えておられる三木美恵（<u>み</u>き・<u>み</u>え）先生は、氏名の最初が「み」の頭韻です。ご両親が恐らく韻を考えて名前をつけられたのではないかと想像します。

　数年前でしたか、テレビのコマーシャルでトヨタ自動車が"<u>Dr</u>ive your <u>dr</u>eams."と英語のキャッチコピーを宣伝に使っていました。実は、drの部分が頭韻に当たります。イギリスの標語に"Don't <u>Dr</u>ink and <u>Dr</u>ive."

がありますが、子音の D が頭韻です。この文は日本語で言えば「飲(の)んだら乗(の)るな。乗(の)るなら飲(の)むな」の意味です。日本語でも「の」が4回も使われていて、自然な頭韻のように感じられますね。

また、今手元にあるラジオ英語講座のテキストの巻末にある大手の英会話学校が以前、"Our Mission and Passion（私たちの使命と情熱）"という英語を掲げていて、今度は接尾辞 ssion の部分が「脚韻」になっていました。このような宣伝文句は消費者にすぐ覚えてほしいわけですから、韻を使ったキャッチフレーズは非常に効果的だと言えます。

では、ここで頭韻や脚韻を使ったわかりやすい英語の諺や格言を紹介しましょう。下線を引いたところの発音が韻を示しています。

≪頭韻の例≫
Every dog has his day.（誰にも得意な時代はある）
Every man has his humor.（十人十色）
So many men, so many minds.（十人十色）
Several men, several minds.（十人十色）
Happy hearts make happy homes.（幸せな心が幸せな家庭を作る）
He who hates Peter harms his dogs.（坊主憎けりゃ袈裟まで憎い）
Live and let (others) live.（自分も生き、他をも生かしめよ）
Love me, love my dog.（坊主憎けりゃ袈裟まで憎い）
Many a little makes a mickle.（塵も積もれば山となる）
Money makes the mare to go.（地獄の沙汰も金次第）
Practice makes perfect.（習うより慣れろ）
Practice what you preach.（人に説くことは自分でも実行せよ）
Spare the rod, spoil the child.（可愛い子には旅をさせろ）
Time and tide wait for no man.（歳月人を待たず）
What is worth doing is worth doing well.（為すに足るならば立派にやるだけの価値がある）
Where there's a will, there's a way.（精神一到何事かならざらん）
Willful waste makes woeful want.（勝手気儘な浪費が悲惨な困窮を生む）

≪脚韻の例≫
An apple a d<u>ay</u> keeps the doctor aw<u>ay</u>.（1日にりんご1個で医者いらず）
A joke a d<u>ay</u> keeps the doctor aw<u>ay</u>.（1日に冗談1つで医者いらず）
A friend in n<u>ee</u>d is a friend ind<u>ee</u>d.（まさかの時の友こそ真の友）
<u>H</u>ealth is better than w<u>ealth</u>.（健康は富に勝る）
No p<u>ains</u>, no g<u>ains</u>.（骨折りなくして利得なし）
What's <u>done</u> cannot be un<u>done</u>.（転ばぬ先の杖）

　この中で私の大好きな諺は"Where there's a <u>will</u>, there's a <u>way</u>."です。これに似た別な表現で"Actions speak louder than words."があり、「行動は言葉に勝る」とでも言うべき力強い気持ちが伝わってきます。人はその人の言葉ではなく、行動を見れば判断できるということですね。
　次に、"as ～ as ～"を使った「比喩」を示す慣用表現に着目してみましょう。私が中学1年生だったときに"Mary is as old as Mike."といったような英文を習いました。この"as ～ as ～"は「～と同じような～」を意味し、「比喩（直喩）」を表すのですが、これを使った表現は英語に相当多いのです。
　たとえば、"I'm as busy as a bee."と言えば、「私は大変忙しい」という意味です。busyで「忙しい」を表しているので意味はわかりますが、後にbee（蜂）を横に置くことで、bが頭韻を踏み、軽快なリズム感のある慣用表現を作っているのです。こういうと、蜂はいつも忙しそうにしているからだと思いたくなりますが、辞書で調べると"as busy as a beaver"も出ています。ビーバーはダム作りで忙しいからと思いたくなりますが、ビーバーが使われるのは単純にbが頭韻に使えるからで、要はリズムが関係しているわけです。
　少し脱線しますが、日本語で「猫の手も借りたいほど忙しい」と言いますね。"I want to borrow a cat's hands."などと英語で訳してももちろん通じませんが、"I'm very busy and short-handed."や"I'm as busy as a bee."なら大丈夫です。ここに欧米文化と日本文化の違いが表れていて面白いですね。

今度はそれを証明できる例をあげましょう。たとえば"Mary is as cool as a cucumber."という英文は、「メアリーはきゅうりと同じぐらい冷静である」という意味なのでしょうか。きゅうりは動物ではありませんが、使われているのは c の発音[k]が頭韻を踏むからです。つまり、韻を踏む単語を置くことが重要であって、それが動物や植物、あるいは物であっても問題ではありません。

では、"as ~ as ~"の韻を踏んでいる慣用表現を一部紹介しましょう。

≪頭韻の例≫
as blind as a bat / beetle：まったく目が見えない
as bright as a button：とても活発で
as dull as a dishwasher：ひどく退屈な
as fit as a fiddle：すごく元気で
as green as grass：未熟で
as hungry as a hunter：すごく腹が減って
as proud as a peacock：大威張りで
as right as rain：達者で、健全で
as slow as a snail：大変ゆっくりと
as smooth as silk / satin：すごく滑らかで
as dead as a dodo：時代遅れで
as weak as water：とても弱くて

≪脚韻の例≫
as easy as ABC：いとも簡単で
as drunk as a skunk：ひどく酔っ払って
as thick as a stick：とても濃厚で

上記以外に何百という例が辞書には載っていますが、だからと言って欧米人が「比喩（直喩）」ばかり使っているとは思わないでください。日本人は日常会話に比喩表現を入れることが多いようですが、欧米人は上で紹

介したような「直喩（比喩）」はあまり使いません。

　私が米国に滞在していたときによく耳にしたのはむしろ韻を踏まない諺の"Time flies (fast / quickly).（光陰矢の如し）"だけでした。「光陰」の「光」は「日」を、「陰」は「月」を表していて、全体で「月日、年月、時間」を意味します。実は、私がもらった高校の英語テキストには、"Time flies like an arrow."と書いてありましたが、私に米国留学中でそのような言い方をするアメリカ人は誰もいませんでした。アメリカ人は"like an arrow"の部分を除いて使っていました。

## 23. 強形・弱形と曖昧母音の秘話

　英語の発音の中で、1番使用頻度が高い発音は何だと思いますか。英語には母音が24種あり、子音は26種、全部で50種の発音があることは、「21. 発音（連声）の秘話」でお話しましたが、全50音の中で1番使用頻度が高いのは、「曖昧母音」と呼ばれる発音です。これは日本語の「ア・イ・ウ・エ・オ」のどれでもない母音で、疲れたときなどに「ふうー」と口から自然に出てくる〔ウー〕の発音です。実は、この発音が全体の20%程度を占めるのです。ということは、この発音の習得が先決と言えます。

　この曖昧母音は、英語で"schwa sound"とも呼ばれていて、発音記号では〔ə〕と表します。例えば、business（ビジネス）の発音記号を調べると〔bíznəs〕と出ています。〔ビズヌス〕のように発音します。しかも、音節（母音を含む箇所）は2つしかないので、〔ビㇲヌㇲ〕といった風に2音で発音しないと英語の発音になりません。スポーツのtennis（テニス）でもそうです。発音記号は〔ténəs〕と書いてありますので、〔テヌㇲ〕の感じで発音します。決して〔テニス〕という3音ではないのです。

　中学1年生で最初の頃に習った英文で、"This is a dog."を覚えていますか。この文の不定冠詞 a ですが、何を隠そうこれが曖昧母音なんです。日本語では〔ア〕と教えられたかもしれませんが、〔ア〕ではなくて、さきほど言ったようにくたびれて「ふうー」と口から出るときの母音なのです。ちなみに、きちんと明確に発音すれば〔エィ〕と発音します。そう、

アルファベット A の〔エィ〕です。

　ところが、特別な場合（対比や強調など）を除いて、〔エィ〕とは読みません。もし、〔エィ〕と読むと「1つの」という意味がくっきり出ます。また、定冠詞の the もそうです。〔ザ〕のような発音だと習いませんでしたか。

　また、the が母音で始まる単語で、たとえば apple だと〔ディ（ジ）〕のように発音が変わると習いませんでしたか。私は apple が母音で始まるので〔ザ〕から〔ディ（ジ）〕の発音に変わるのだと習った記憶があります。でも、欧米人であっても the apple や the orange を〔ディ（ジ）〕ではなく〔ザ〕と発音する人がいますし、絶対的なルールでもありません。

　ただし、米国人は自国のことを"I'm from the US."と言いたいとき、ほとんどの人が the を〔ディー（ジー）〕と発音し、強調しています。当然と言えば当然のことでしょう。the を〔ディー（ジー）〕と発音すれば the only（唯一の）といった意味が加わるからです。自分の国は世界に1つしかないので、自然とそのように言う習慣が身についたのでしょう。

　そう言えば、SMAP が以前歌ってヒットした「世界に一つだけの花」という曲の歌詞に、「……オンリーワン……」がありますが、定冠詞 the をつけないと「単なる、どこにでもある……」の意味になってしまいます。必ず定冠詞 the をつけないといけません。歌詞の意味から判断すると「世界に唯一の花」ということが言いたいわけですから。

　では、冠詞以外の代名詞、前置詞、接続詞、関係代名詞などを次ページで見てみましょう。中学英語で人称代名詞といえば、I, my, me, mine, you, your, you, yours のように覚えたと思いますが、これらの発音はすべて「強形」と呼ばれる発音です。さきほど不定冠詞で〔エィ〕、定冠詞で〔ジ〕のようなあの発音のことです。これに対し、「弱形」があります。不定冠詞では〔ア〕、定冠詞では〔ザ〕に似た発音です。そんなこと初めて聞いたという人は多いと思います。発音が2種類あるなんて知らなかったなあということでしょうが、実を言うと「弱形」の発音2種類とは限らず、状況によっては3種類、4種類もある場合があります。

　さらに、代名詞、前置詞、接続詞、be 動詞、関係代名詞などの例語の「強

形」と「弱形」の発音記号を表 22 に提示してあります。実を言うと、この「弱形」が私たち日本人にとって聴き取りにくいのです。弱いから当たり前なのですが、時として発音しないことがあるので、一層英語のリスニングを難しくします。

表 22：強形と弱形

| | 単語 | 強形 | 弱形 | | 単語 | 強形 | 弱形 |
|---|---|---|---|---|---|---|---|
| 冠詞 | a | éi | ə | 前置詞 | at | ǽt | ət |
| | an | ǽn | ən, n | | in | ín | ən, n |
| | the | ðíː | ðə, ði | | on | án | ən, n |
| 代名詞 | I | ái | əi, ə | | of | áv | əv, v |
| | you | júː | ju, jə | | to | túː | tə, t |
| | he | híː | hi, iː, i | | by | bái | bəi, bə |
| | she | ʃíː | ʃi | | for | fɔːr | fər, fə, f |
| | we | wíː | wi | | from | frám | frəm, frm |
| | they | ðéi | ðe, ði | | into | íntuː | intu, intə |
| 接続詞 | and | ǽnd | ənd, ən, nd, n | be動詞 | be | bíː | bi |
| | but | bʌt | bət | | been | bíːn | bin, ben, bən |
| | or | ɔːr | ər | | is | íz | əz, z, s |
| | that | ðǽt | ðət | | am | ǽm | əm, m |
| 助動詞 | do | dúː | du, də, d | | are | áːr | ər |
| | does | dʌz | dəz, dz, ts | | was | wáz | wəz, wz |
| | did | díd | dəd, d | | were | wɚː | wər, wə |
| | can | kǽn | kən, kn | 関係詞 | who | húː | hu, uː, u |
| | could | kúd | kəd, kd, d | | whose | húːz | huz, uz |
| | will | wíl | wəl, əl, l | | whom | húːm | hum, um |
| | would | wúd | wəd, əd, d | | why | hwái | wai, wəi |
| | should | ʃúd | ʃəd, ʃd, d | | how | háu | həu, əu |
| | must | mʌst | məst, məs | その他 | some | sʌm | səm, sm |
| | have | hǽv | həv, əv, v | | any | éni | əni, ni |
| | has | hǽz | həz, əz, z | | so | sóu | səu, sə |
| | had | hǽd | həd, əd, d | | not | nát | nət, nt, n |

でも、英語のリズムがわかっていれば、聞こえなくても心配することなく、内容語を中心に聴き取れば文意を理解できます。発音が弱いからと言って、逆に日本語のように「強形」ですべてを発音すれば、相手は「この人、相当怒っているな」と思うことでしょう。

　実を言うと、日本語でも私たちはすべてを発音しているわけではないのです。この「〜です」と言うときの「す」ですが、su と母音の〔ウ〕をつけて発音している日本人がいるでしょうか。確かに五十音を教えるときは、「サ・シ・ス・セ・ソ」と1音ずつはっきり、くっきりと発音しますが、実際の会話では〔ウ〕の母音を取って〔s〕だけの音で済ましています。「すごい」と言うときだって同じですよね。〔ス〕に〔ウ〕を入れずに発音する方が自然なのです。英語だけが特別では決してありません。

　日本語でも英語と同じような音の現象が起きています。いえ、世界の言語は大なり小なり同じようなことが起こり得るということです。

## *24. 英語発音の大変身の秘話*

　英単語のつづりを覚えるときは皆さん苦労をしませんでしたか。たとえば、book がなぜ〔ブック〕と発音するのか理解できましたか。私は「ボオク」をローマ字式に覚えただけで、なぜ oo を〔ウ〕と発音するのかわかりませんでした。それに、food や moon などは同じ oo なのに〔ウー〕と発音しますね。両者をどうやって区別するのか不思議に思いましたが、これも覚えるしかないと諦めていました。

　実を言うと、英語の発音はフォニックスでは約 85％が規則的であると言っても、フランス語やドイツ語、スペイン語などと比べて不規則な発音が多いのです。もっとも中学校では通常英語を学習しますので、他のヨーロッパ言語については教えてもらえないかもしれませんが、ほんの少し他の親類言語に目をやると英語ほど不規則性が高い言語はないのではないかと思えてきます。

　さきほど紹介したフランス語やドイツ語、スペイン語などのヨーロッパ言語は、a は「アー」、e は「エー」、i は「イー」、o は「オー」、u は「ウ

ー」と本当にローマ字式に発音するのです。でも、そんなことが信じられますか。

「3．語彙の秘話（2）」で紹介したように、私が英単語の name を覚えたのは、「ナメ」のようにローマ字式に何度も書きながら、正しい発音は「ネイム」と覚えたと言いましたが、実はドイツ語で Name を「ナーメ」と発音するように、私独自のローマ字式記憶法はあながち間違いでなかったわけです。

さて、英語の発音は 15 世紀からおよそ 200～300 年の年月をかけて大きく変身しました。当時、この大変身（変化）をデンマークのイェスペルセン（Jespersen）という言語学者が発見しました。これは"Great Vowel Shift"と呼ばれ、日本では「大母音推移」、または「母音大推移」と訳されています。

どのように母音が変身したかということですが、まずは下の表 23 で現代の英語母音の位置を確認してください。これは顔の横から口の中を表したときの顎と舌が動く位置を示したもので、「縦3列×横3列」の9マスで表していますので、大まかな母音の位置がよくわかると思います。

表 23：大母音推移の概略

|  | 前舌 | 中舌 | 後舌 |
|---|---|---|---|
| 高 | i: ↘ ai | | u: ↙ ou ↗ |
| 中 | e: ↑ ɛ: | | o: ↑ ɔ: |
| 低 | æ: ↙ a: | | |

これに対して、15 世紀ごろの英語母音の位置を表した次のページの表 24

を見て、比べてみましょう。だいぶ異なっていることがわかりますね。では、母音の大変身（変化）はどのようにして起こったのでしょうか。

表24：大母音推移の例

| 母音の変化 | 単語の例 |
| --- | --- |
| [iː] → [ai] | child, five, mine, nice, time, wife, wise など |
| [uː] → [au] | cow, house, how, mouse, now, tower など |
| [eː] → [iː] | deep, meet, green, feel, feet, keep, see, sheep など |
| [ɛː] → [iː] | cheap, cream, dream, each, meat, sea など |
| [ɛː] → [ei] | break, great, steak のみ |
| [oː] → [uː] | cool, food, fool, loose, moon, pool, school, tooth など |
| [ɔː] → [ou] | boat, coat, goat, home, hope, road, stone など |
| [ɑː] → [ɛː] → [ei] | bake, cake, gate, hate, mate, name, place, take など |

　中学2年生で child の複数形が children であると習いましたね。でも、なぜ /i/ の発音が〔アィ〕から〔イ〕に変わったのかがもう理解できますね。そうです。もともと child の発音は〔チルド〕だったのです。それにしても、今から500年ほど前に英語母音がこのような大きく変化したことを中学校ではどうして教えてもらえなかったのでしょうか。

　この「大母音推移」はきっと現代の欧米人でも知らないことでしょう。英語の発音は現代版の方が不自然であって、15〜17世紀の頃の発音の方がむしろ私たち日本人にはぴったりと合うなんて驚きですね。日本に教えてみえる英語の先生たちは、この「大母音推移」の話をぜひ生徒さんに教え、英語の発音に関して安心させてあげてほしいと思います。そして、英語発音の歴史的変遷にまつわる話を伝えてほしいと思います。

　実は、もう一つ大変身があります。それは子音で、「グリム童話」で有名なグリム兄弟の兄であるヤコブ・グリム（Jacob Grimm）が発見した「グリムの法則（Grimm's Law）」と呼ばれるものです。この法則には「第1の法則」と「第2の法則」があって、まず「第1の法則」は次ページに掲げた通りで、紀元前1世紀頃に次のような変化が起きたと考えられています。

[p, t, k]   →   [f, th, h(x)]
[b, d, g]   →   [p, t, k]
[bh, dh, gh]   →   [b, d, g]

これだと少しわかりにくいので、最初の変化 [p, t, k] → [f, th, h(x)] を具体的に単語で示してみましょう。

pater   →   father
tres   →   three
centum   →   hund(red)

もう一つの法則である「第２の法則」は紀元６世紀頃に変化が起こったとされるもので、

[f, th, h(x)]   →   [b, d, g]
[p, t, k]   →   [f(ph), s(ts), x]
[b, d, g]   →   [p, t, k]

がありますが、これもまた少しわかりにくいので、最初の変化 [p, t, k] → [f, th, h(x)] を具体的に単語で示してみましょう。

pater   →   father
tres   →   three
centum   →   hund(red)

どうでしょうか。変化の様子が見えてきますね。
　このように、英語の発音（母音と子音）は時代と共に大変身を遂げて現在の発音になっているのです。これからの将来においても、もちろん英語の発音が変化していく可能性は高いと言えるでしょう。

## 25. 黙字（発音しない文字）の秘話

　「黙字」という言葉を知っていますか。英語では"silent letters"と言います。中学英語で最初に習った黙字の入った単語は"Good night."のnightにあるghでした。発音しないのに書き取りではghを書かなければいけないので、覚えるのが面倒でしたね。私は確か「ニグフト」のようにこじつけで覚えましたね。その後、ghをもつ単語にeight, light, fight, rightが出てきたので、すぐに関連性があることがわかりました。実を言うと、これらの単語のghはもともとドイツ語から英語に入ってきて、中世の頃は発音されていたのですが、現代では発音しません。

　その後、hour, island, listen, know, oftenなど単語が1年生に登場してくると、2年生ではcould, should, would, mightなどの助動詞の過去形にすべて黙字（下線部の子音）があることに気づきました。

　日本語で黙字といえば、もちろん促音便の「っ」ですね。アメリカでこの促音便を教えるのに相当苦労した記憶があります。私の日本語クラスを受講していた台湾人も欧米人も「切手」と「来て」の区別がうまくできません。促音便「っ」の間が十分持てずに、「きって」を「きて」と発音してしまいます。これは拍を意識させるとその場は意外とうまくいきます。「きって」は3拍で「きて」は2拍であると手を叩いて音感覚を養うように指導しました。でも、1週間も経つとすぐに忘れてしまい、次の授業では元の鞘に収まるというわけです。

　では、英語にはどれだけ黙字があるのでしょうか。意外と多いのですが、ここでは特徴的なc, d, l, s, tの5つの黙字を含む単語を紹介しましょう。

① c　Conne<u>c</u>ticut, corpus<u>c</u>le, indi<u>c</u>t, mus<u>c</u>le, <u>s</u>cene, <u>s</u>cenery, <u>s</u>cenic, <u>s</u>cent, <u>s</u>cissors, vi<u>c</u>tual, vi<u>c</u>tual(l)er
　　（注：mus<u>c</u>ular, corpus<u>c</u>ularのcは発音されます）
② d　han<u>d</u>ful, han<u>d</u>kerchief, han<u>d</u>some, goo<u>d</u>bye, gran<u>d</u>child, gran<u>d</u>daughter, gran<u>d</u>father, gran<u>d</u>mother, gran<u>d</u>son, lan<u>d</u>lady, lan<u>d</u>lord, lan<u>d</u>scape, san<u>d</u>wich, We<u>d</u>nesday, Win<u>d</u>sor

③ l ⎧ dの直前　could, should, would
　　　⎪ f / vの直前　behalf, calf, half, halves, salve
　　　⎨ kの直前　balk, calk, chalk, folk, stalk, talk, walk, yolk
　　　⎪ mの直前　almond, alms, balm, calm, embalm, holm(e),
　　　⎪ 　　　　　Holmes, Malcolm, palm, Palmer, psalm, salmon
　　　⎩ その他　colonel, Lincoln

④ s　apropos, Arkansas, aisle, chamois, debris, demesne, Illinois,
　　　island, isle, patios, viscount

⑤ t ⎧ -tenのt　chasten, christen, fasten, glisten, hasten, listen,
　　　⎪ 　　　　moisten, mustn't, often, soften
　　　⎪ -stleのt　bristle, bustle, castle, epistle, gristle, hustle, nestle,
　　　⎨ 　　　　　pestle, rustle, thistle, trestle, whistle, wrestle
　　　⎪ 語中のt　chestnut, Christmas, christen, investment, Matthew,
　　　⎪ 　　　　　mortgage, postcard, postman, postmark, Westminster
　　　⎪ 語尾のt　ballet, buffet, bouquet, cabaret, croquet, debut,
　　　⎩ 　　　　　depot, pierrot, sabot　（フランス語から入った単語）

　上記には、地名などの固有名詞がいくつかありますが、フランス語から多くの単語が入ってきていることがわかります。もともとフランス語の単語は、c, f, l, r以外の子音を発音しないので、特徴がよく表れていると言えます。

第3章　英語の文法と表現

## 26. 挨拶の秘話：最初の英語授業から間違いが始まった！

　皆さんは中学校の最初の英語授業で"Good morning."＝「おはようございます。」と習いませんでしたか。当時、中学生だった私は何の疑いもなく、そうであると心から信じていました。でも、イコールで結びつけるのは少々強引です。実は、"Good morning."の前には"I wish you (a) ...."が抜けていて、相手に対して「どうかあなたによい朝が訪れますように！」といった祈りの気持ちが込められているのです。
　一方、日本語の「おはようございます。」の本来の意味は、「朝から早くからお勤め、ご苦労様でございます。」といった労いの気持ちが込められています。これは狩猟（騎馬）民族であった欧米諸国と農耕民族であった日本の生活様式の違いが大きな原因だと考えられています。狩猟（騎馬）民族は馬に乗って移住生活をしますが、私たち農耕民族は田んぼや畑で定住生活をします。だから、挨拶などの言葉に違いが生まれてくるのはごく自然なことです。もちろん、民族音楽のリズムにも大きな違いが生まれます。
　ここで、世界主要言語の挨拶例とその主な意味を一覧表にしてみましょう。挨拶の構造が「Good＝良い＋morning＝朝」であるため、ヨーロッパ言語で英語と兄弟の関係にあるドイツ語や「good＝良い＋day＝日」の意味でフランス語、スペイン語、ポルトガル語、イタリア語なども同じように挨拶しますし、中国語でも「好＝良い＋日」と言われます。
　実を言うと、米国では"Good morning."や"Good afternoon."、"Good evening."よりも"Hi!"や"Hello!"の方が多用されます。「こんにちは」であれば四六時中使えるというわけです。私は5年間米国に留学していましたが、"Good afternoon."や"Good evening."は、一度も聞いた記憶がありません。
　また、挨拶は人と会った時に使う言葉なので、当然会った時に挨拶の言葉をかけると思われますが、英語の場合はお祈りの言葉であるため、人と

表25：世界の言語の挨拶例

| 日本語 | おはよう。 | こんにちは。 | 早い・今日 |
|---|---|---|---|
| 英語 | Good morning. | Good afternoon. | 良い＋朝・午後 |
| ドイツ語 | Guten Morgen. | Guten Tag. | 良い＋朝・日 |
| オランダ語 | Goedemorgen. | Goedemiddag. | 良い＋朝・日 |
| フランス語 | Bonjour. | Bonjour. | 良い＋日 |
| イタリア語 | Buongiorno. | Buongiorno. | 良い＋日 |
| スペイン語 | Buenos dias. | Buenas tardes. | 良い＋日・午後 |
| ポルトガル語 | Bom dia. | Boa tarde. | 良い＋日・午後 |
| 中国語 | 早上好。 | 下午好。 | 朝・午後＋良い |

別れる時でも使えます。たとえば、"Good night."や"Good evening."は、"Good bye."や"Have a good weekend."と同じような意味で使えるのです。

　それに、日本語で「さようなら（語源は、左様なら）」は、今や幼稚園児ですら「バイバイ」と英語を使っているようですが、これだって"Good bye."とは同じではありません。英語では"God be with you."であって、これは「あなたに神様が一緒におられるように」という祈りの気持ちが込められているんです。挨拶が日本語と英語でこれほど違っていることを教えてほしいですね。

　さて、上の表25からわかることは何でしょうか。それは、ここにあげている日本語を除く8言語に共通して、英語の"Good morning."のような構造（「良い」＋「朝、または日」）で作られているという点です。中国語でも、語順は逆ですが、ヨーロッパ言語と同ような構造を持っています。唯一日本語だけが「早いです」や「今日はですね」といった異なるの意味を挨拶に込めているんですね。

　また、英語・ドイツ語・オランダ語はゲルマン語群に属し、"G"で始まる挨拶ですが、フランス語・イタリア語・スペイン語・ポルトガル語はロマンス語群に属し、すべて"B"で始まる挨拶ですね。まるで兄弟語みたいですね。このうちポルトガル語はスペイン語から派生し、現代では1番新しい言語だと言われています。

では、挨拶をするときの姿勢を思い浮かべてください。日本語で挨拶するときは、一歩後ろに下がってお辞儀をしながら挨拶をしますが、英語ではお辞儀をせず、逆に一歩前に出て右手を差し出し、握手をしながら（時には肩を叩きながら）挨拶をしますよね。一歩下がる、つまり自分から謙遜するのが日本語で、積極的に前に出て行動するのが英語だと考えられます。

　このように、言葉は語彙、文法、表現などの表面的な側面だけではなくて、行動にも表れるものです。もちろん、「アイコンタクト（eye contact）」と言って、欧米人は話をするときに直接相手の目を見ますが、日本人はできるだけ直に目を見ないで、どちらかと言えば相手の目の下の方を見て話をしますね。私たちが欧米人の真似をする必要はありませんが、言語を含む文化的な側面が大きく影響していると考えられます。

## 27. 不定冠詞と定冠詞の秘話

　英語を学習し始めて少し経つと、"I have a dog."や"I don't have a cat."といった英文を習います。正確に訳すと「私は犬を1匹飼っています」とか「私は1匹も猫を飼っていません」となりますね。では、"I have dog."と言ったらどんな意味になるのかを習いましたか。a は「不定冠詞」と言いますが、これが果たす役割とは何でしょうか。日本語には助詞があるのですが、冠詞はありません。冠詞とは何でしょう。冠の詞とは、名詞の前に置く詞ですが、英語では重要な意味があり、もし「不定冠詞」をとってしまうと、「（習慣的に）私は犬の肉を食べます」の意味になってしまうのです。have には「食べる、飲む」の意味があり、これを聞いた欧米人はきっと笑うはずです。

　つまり、冠詞がないと1匹の犬とか猫という個体を意味せず、部分である肉を意味するわけです。ですから、「昨日、私は鶏肉を食べた」と言いたいのであれば、"I ate chicken yesterday."でないといけません。万が一、a chicken と言えば、逆に生きた鶏を（羽をむしり取りながら、たらたらと血をこぼしながら）食べたことになってしまいます。この場合、冠

詞がないので「無冠詞」と言います。冠詞は大切な役割を持っているんですね。

では、寿司のネタであるタコ（蛸）が好きだ、と言いたい場合はどうしますか。通常、「僕は犬が好きです」なら"I like dogs."でいいですよね。では、同じように、"I like octopuses."と言うのでしょうか。正解は、寿司ネタはタコの切り身のことですので、"I like octopus."と言います。寿司のネタ（切り身）は個体ではなくて部分ですね。"I like octopuses."と言えば、生きているタコが好きだという意味になります。ときどき、日本人が、"I like dog."と言うので、欧米人は犬の切り身（肉）が好きなのかと思うそうです。まあ、中国人の中には犬肉や猫肉も食べる人がいますので、"I like dog."や"I like cat."でも十分可能ですね。

次に、定冠詞 the の説明をしましょう。英語の授業で the を「その」と訳すことを教えられますが、まずそれ自体が間違っています。「その」は日本語の指示語ですので、日本語の「この・その・あの」とは一致しませんし、正直言って適当な訳語が見つかりません。したがって、the の意味する世界を知らなければ、a/an との区別ができないことになります。

たとえば、日本のおとぎ話で「昔々あるところにお爺さんとお婆さんが住んでいました。お爺さんは山へ柴刈りに、お婆さんは川へ洗濯に行きました。（後略）」で始まるものがありますが、これを英語に訳すと一体どうなるでしょうか。実を言うと、これが「不定冠詞」と「定冠詞」の使い方の違いを見事に説明してくれるのです。まず、英語に訳してみると、

"Once upon a time, there lived <u>an</u> old man and <u>an</u> old woman. <u>The</u> old man went to the wood to cut trees and <u>the</u> old woman went to the river to do the laundry. （略）"

といった感じでしょうが、ここで不定冠詞と定冠詞の使い方をよく見てください。不定冠詞 an が日本語の助詞「が」に、定冠詞 the が日本語の助詞「は」に対応していますね。日本人の感覚から言えば、英語の不定冠詞は「新情報」であり、定冠詞は「旧情報」に当たると考えられます。

「新情報」とは、話し相手にとって新しい内容（ここでは、名詞）を含むもので、「旧情報」とは、すでに相手が知っている内容です。おとぎ話の最初で、知らない人々（ここでは、お爺さんとお婆さん）が登場し、次に登場したお爺さんとお婆さんについて説明をしています。逆に、先のおとぎ話中の「が」と「は」を反対にして読み直してみてください。おそらく違和感を覚えるはずです。

　したがって、"I bought the car yesterday."と言った場合、もし相手が購入したメーカーや車種などをすでに知っていれば、「ああ、あの気に入っていた車をとうとう買ったんだな」と理解してくれるでしょうが、何も知らない場合は、どの車のことを言っているのか相手はよく理解ができません。その場合、"I bought a car yesterday."と不定冠詞を使わないといけないのです。日本語で初対面の人に向かって「私は高橋です」と紹介すると変な感じがしませんか。初めてであれば「私が高橋です」でないと違和感がありますね。これが英語と日本語の違いであり、共通点でもあります。英語で冠詞、日本語で助詞と文法は異なっても働きが似かよった言葉が存在するのです。

　また、中学校では、in the worldのように常にtheがついている場合しか習いません。その場合、「世界」という意味ですが、"I don't want to live in a little world of my own.（自分だけの小さな世界には住みたくない）"と言いたいときは不定冠詞を使います。限られた語彙を習うので、他の使われ方を知らないのは当然かもしれませんが、そのときは辞書で単語の1番の意味だけではなく、用例や例文などを注意深く調べてみましょう。

　名詞は基本的に単数形と複数形がありますし、不定冠詞や定冠詞との組み合わせで考えると、次の5つのパターンが考えられます。

① I ate apple.（無冠詞・単数形）
② I ate an apple.（不定冠詞・単数形）
③ I ate apples.（無冠詞・複数形）
④ I ate the apple.（定冠詞・単数形）
⑤ I ate the apples.（定冠詞・複数形）

5つすべての英文の意味が理解でき、かつそれらの違いをうまく説明できますか。まず、①は「1個のリンゴをいくつかに切り分けた上で、そのうちの一片、またはそれ以上を食べた」という意味で、相手は初めてこのことを聞いた場合（新情報）に使います。②は「1個リンゴを丸ごと食べた」で新情報です。③は「2個以上のリンゴを丸ごと食べた」で新情報です。

　ところが、④は「1個のリンゴ、または切り分けたリンゴを食べた」で、相手はこのこと（誰からもらったとか、いつ店で買ったとか）を知っている場合（旧情報）に使います。そして、⑤は「全部（出された数すべて）のリンゴを食べた」で、同じく旧情報です。

　別の例を見てみましょう。誰かと新年の抱負の話をしているとしましょう。そこで、相手に対して「君の新年の抱負（5つあるとして）を教えてよ」と聞く場面を想像してみてください。

① Tell me a resolution.　「(5つの中で) 1つ教えて」
② Tell me resolutions.　「2つ以上（全部ではない）教えて」
③ Tell me the resolution.　「唯一の1つを教えて」
④ Tell me the resolutions.　「(5つ)すべてを教えて」

　不定冠詞と定冠詞、単数形・複数形で4通りの英文を使い分ける英語はよくできていると思います。日本語なら「教えて」と言うだけで、相手がどれだけを聞きたいのかを察知（空気を読む）して答えるわけですから、文化が言語に及ぼす影響が如実に表れています。

## 28. 語順の秘話（1）

　英語は語順については大変厳格ですが、それに比べて日本語の語順はかなり柔軟性があります。たとえば、「僕は君が好きだ」という日本文は作ろうと思えば、次のページの例文のように、6通りの表現が一応は可能です。

① 僕は＋君が＋好きだ。
② 僕は＋好きだ＋君が。
③ 君が＋僕は＋好きだ。
④ 君が＋好きだ＋僕は。
⑤ 好きだ＋僕は＋君が。
⑥ 好きだ＋君が＋僕は。

　でも、どうしてこんなことが可能なのでしょうか。その理由は、日本語に「は・が・を・に」などの助詞（付属語）があるからです。これらの助詞があるからこそ、日本語では語順はあまり気にせず文を作ることが可能です。ところが、英語には助詞というものがありません。頼りになるのは語順だけです。では、上の6文をそのまま英語に訳してみましょう。

① I＋you＋like.
② I＋like＋you.
③ You＋I＋like.
④ You＋like＋I.
⑤ Like＋I＋you.
⑥ Like＋you＋I.

　英語には助詞がないので、一見すると大変すっきりしているように見えますが、これで英文の意味がわかるでしょうか。さらに言うと、like には前置詞で「～のように」の意味があるので、⑤と⑥の英文は通常は一般動詞だとは判断されません。また、①と③の英文は and か or が抜けているのではないかと思われますし、④は主語と目的語が逆転して意味自体が反対になります。つまり、②の英文しか本当に正しい意味を伝えることができないことになるわけです。
　次に、英文の語順をざっと見てみましょう。私が中学校の英語の授業で語順について習ったことはありませんが、近所の英語塾で教えてもらった「おまじない」みたいな英単語の語順を紹介します。英語を初めて習って

30年以上が経っても、私はこの語順を1度として忘れたことはありませんし、実際今でも授業でこの語順を学生に繰り返し教えていますが、特に英語が苦手で苦労した学生には比較的好評です。それが次の文です。

「主語＋助動詞＋本動詞＋目的＋補語＋前/目＋ところ(所)＋とき(時)」

これは覚えやすいようところどころ抜けていますが、抜けた所を補うと、

「主語＋助動詞＋本動詞＋目的(語)＋補語＋前(置詞)/目(的語)＋所＋時」

になります。これらすべての要素を当てはめた英文を作ってみると、

I will keep you warm with this coat here now.
（僕が今、ここでこのコートで君を暖かくしてあげるよ）

といった感じでしょうか。この語順を英語と日本語でよく比較してみてください。そうすると、主語だけは英語、日本語共に語頭にありますが、それ以外の単語の配列は英語と日本語ではまったく逆になっていることに気づきませんか。いわゆる「鏡像関係」にあると言えますね。しかも、大切な動詞が英語では最初の方にあるのに、日本語では最後に来ています。これが同時通訳するときの障害になるとも言われています。でも、最近の指導法は、英語の語順通り（文頭から）に訳す方法がとられています。たとえば、

I will keep / you warm / with this coat / here now.
（僕は保ってあげるよ / 君を暖かく / このコートで / 今ここで）

のように訳します。そうすれば、英語の語順を崩すことなく訳せますし、反対に英語に直すときの助けにもなります。これは「スラッシュ・リーディング」と呼ばれています。スラッシュ（ / ）を入れたところで意味の区

切れがあるように読んだり訳したりする方法です。また、意味のまとまりを「チャンク（chunk）」と言って、チャンク毎に訳す練習が効果的であると考えられています。

　日本人は日本語がよく特殊な言語であると思っているようですが、実を言うと日本語のような語順（SOV＝主語＋目的語＋動詞）をとる言語は、世界で約 6,000 語もあるとされる言語の中で約 40％を占めるのです。逆に、英語のような語順（SVO＝主語＋動詞＋目的語）をとる言語は 30％程度で、日本語はどちらかと言えば一般的な語順を取る言語なのです。

　ただし、日本語には漢字などの表意文字、平仮名やカタカナといった表音文字があるので、書き言葉としては決して易しいとは言えません。反対に、英語は 26 文字しかないからと言って、英単語を覚えるのは簡単とも言えませんよね。

　私が中学生のとき、NHK のラジオ講座で「続基礎英語」をよく聞いていました。確か、中学 2 年から 3 年までの英語学習内容だったと記憶しています。当時のテキストを今でも自宅に大切に持っているのですが、この時の講師は安田一郎先生でした。

　私が今でも英語の語順を覚えるのに本当に役に立ったのが安田先生が考案された転換練習でした。実際、転換練習がどんなものか例をあげて、説明してみます。たとえば、

**I practice speaking English every day.**
　（私は毎日英語を話す練習をします）

という基本文があるとします。これを①Yes / No 疑問文、②肯定の答え、③目的語を変えて Yes / No 疑問文、④否定の答え、⑤wh 疑問文、⑥基本文の答え、というように 6 種類の英文に機械的に転換させるというものです。この転換練習は基本文さえ頭に入れておけば、英文を見ないでラジオから聞こえてくる指示に従ってどんどん転換させていくので、スラスラ英語が出てくるようになります。では、実際に基本文を転換させた英文を書いてみます。

① (Question) Do you practice speaking English every day?
② (Yes) Yes, I do.　I practice speaking English every day.
③ (Chinese?) Do you practice speaking Chinese every day?
④ (No) No, I don't.　I don't practice speaking Chinese every day
⑤ (What?) What do you practice speaking every day?
⑥ (Answer) I practice speaking English every day.

　もちろん、speaking English を writing English に代入したり、時制を現在形から過去形、あるいは現在完了形に変化させることができます。この練習が極めて優れているのは、日本語と違って英語は助動詞が発達しているので、相手が"I went shopping last week."と言えば"Oh, did you?"と相槌を打ったり、"You like this music, don't you?"のように付加疑問文を作るとき、助動詞がさっと口から出てくるようになるのです。
　私が米国に留学したころ、多くの日本人学生は万能薬の"Oh, really?"を多用していましたが、この転換練習を積んでいたお陰で相槌を打ったり、付加疑問文を言うときに抜群の効果があったことが忘れられません。
　また、私が20代の頃、中学校で英語を教えていた時にもこの転換練習を授業に取り入れていましたが、生徒たちはペアになって楽しく練習をしていた記憶があります。

## 29.　語順の秘話（2）

　日本語で「あれこれ」とか「あっちこっち」と言いますし、「花一匁」の歌詞には「あの子がほしい、あの子じゃわからん。この子がほしい、この子じゃわからん」のように「あの子、この子」の順序で言いますが、英語ではどうでしょうか。前項で触れたばかりなので、ある程度予想ができますよね。逆だと思いますか。
　その通りです。英語では"this and that"とは"here and there"と言います。お隣の中国でも英語と同じように言うそうです。中国語は基本的に英語の語順と同じですから、ある意味で当然なのかも知れませんが、中

国人留学生が「近い方が大事だから」と私に教えてくれました。

　そう言えば、手紙を書くとき、住所の書き方はどうなっているのでしょうか。英語と日本語では違いますよね。英語は距離の近いところから遠いところへ向けて書きますが、日本語は遠くから近くへ向けて住所を書きますよね。「自己中心」と「他人中心」といったようなが違いがあるのでしょうか。それに、日本語では「住所・氏名」といいますが、英語では反対で、"name and address" と言います。

　では、上のように日本語と英語で語順（順序）が反対になる他の例を見てみましょう。

　　black and white：白黒　　　　　eat and drink：飲食
　　mom and dad：父母　　　　　　back and forth：前後
　　young and old：老若　　　　　　near and far：遠近
　　come and go：行ったり来たり　　sooner or later：遅かれ早かれ
　　pencil and paper：紙と鉛筆　　　food, clothing and shelter：衣食住
　　friend and foe：敵味方　　　　　night and day：昼夜
　　oil and water/vinegar：水と油　　one and all：誰も彼も
　　skin and bones：骨皮　　　　　　this and that：あれこれ
　　right and left：左右　　　　　　here and there：あちこちで
　　rain or shine：晴雨　　　　　　rich and poor：貧富
　　life and death：死活（問題）　　flora and fauna：動植物
　　north, south, east and west：東西南北
　　(both) physically and mentally：心身共に
　　＊参考：at the upper right：右上に、at the lower right：右下に
　　　　　　at the upper right：左上に、at the lower left：左下に

　次に、日本語と同じ語順（順序）になる英語の表現を紹介しましょう。次のページの例の中で、ハムエッグは eggs と複数形になっているところに注目してくださいね。日本では、ハム1枚に卵1個を落としてフライパンで焼きますが、アメリカではちゃんと卵を2個（以上）使うんですね。

| | |
|---|---|
| all or nothing：全部か無か | boys and girls：少年少女 |
| cup and saucer：カップと皿 | ham and eggs：ハムエッグ |
| likes and dislikes：好き嫌い | men and women：男女 |
| milk and sugar：ミルクと砂糖 | salt and pepper：塩と胡椒 |
| soup and salad：スープとサラダ | strength and weakness：強弱 |
| tea or coffee：お茶かコーヒー | time and money：時間とお金 |

　ベーコンエッグも同じで、bacon and eggs と言います。英語は随分と細かいなあ、などとは決して思わないでくださいね。複数形の名詞でなければいけないときに、単数形のままにしていると欧米人は気になって仕方がありません。複数形を示す s や名詞の前に置く a は決して単なる飾りなどではなく、それらがあるかないかは大変重要な意味があるのです。

## 30. 前置詞の秘話：in ／ at ／ on はどう区別するの？

　中学校の英語の授業で in, at, on, with などの「前置詞（名詞の前に置く詞）」を習ったとき、日本語ではむしろ「後置詞（助詞など）」が英語の前置詞に相当することを教えてほしかったものです。常に、日本語との対比で英語という言語の語順の違いを意識することができれば、英語学習がもっと楽しいものになっていたと思うからです。
　では、前置詞の in, at, on はどのように区別すればよいのでしょうか。単純に in は「〜の中に」、on は「〜の上に」などと覚えませんでしたか。英単語の意味を日本語で1対1の関係で覚えると途中で混乱を来たすことがあります。たとえば、on を「〜の上に」と1度でも覚えてしまうと、"There's a fly on the ceiling." が「天井の上に蝿がいる」というおかしな日本語訳をしてしまいます。また、"Japanese people live on rice ." だと「日本人は米の上に住んでいる」と誤訳をしてしまいます。これが1対1で単語の意味を覚えることの危険性だと思います。つまり、前置詞が本来持っている概念や本質の意味をイメージとして理解することが重要だというわけです。

よく "I'll arrive at Los Angeles tomorrow at 9:30 am." といった文を聞きますが、ロサンゼルスなら前置詞は in ではないか、と疑問が湧くのではないでしょうか。だって、"My sister lives in Los Angeles." と言いますよね。場所は変わらないのに、なぜ前置詞が変わるのでしょうか。日本語では「ロサンゼルスに到着する」とか「ロサンゼルスに住んでいる」のように、「〜に」がいつも使われます。でも、英語では前置詞を何通りも使い分けるのはなぜでしょうか。

これを解くカギは前置詞のもっているイメージです。欧米人が抱いているイメージが in と on では異なるので、両者を使い分けるのです。

in → 「空間（スペース）の中」にいるイメージ
at → 「ある１点」に留まっているイメージ
on → 「何かに接触」しているイメージ

だと思ってください。たとえば、ある女性が椅子に座っているといった状況であるとしましょう。そうすると、

Look at the woman sitting <u>in</u> a chair.
Look at the woman sitting <u>at</u> her desk.
Look at the woman sitting <u>on</u> a stool.

の３種類の英文ができますが、この３種類の前置詞のイメージがつかめますか。この場合、in だとひじ掛けや背のあるアームチェアの空間に座っている感じで、at だと机のある位置に向かって座っている感じ、on だと背のない腰掛け（丸椅子）に接触して座っている感じがイメージできますよね。

このように見てくると、直訳ではなく、イメージがいかに大切であって、欧米人はそれを意識して英語を使っていると言えます。その他に前置詞はたくさんありますので、辞書等でイメージや使い方を確認しておくと良いでしょう。

## 31. 否定疑問文と Yes / No の秘話：相手中心と自己中心

　いくら英語の応答練習をしたとしても、日本人学習者がつい引っかかってしまうものが否定疑問文に対する応答です。たとえば、"Don't you like pizza?" と尋ねられて、「いいえ、好きです」の意味で思わず "No, I don't." と言ってしまいそうになった経験はないでしょうか。続いて、"You don't like it?" と尋ねられて、「ええ、そうです」のつもりで、"Yes, I do." と答えると相手は好きなのか、嫌いなのかわからなくなってしまいます。

　これは練習して覚えるというよりも、英語と日本語で応答の方法に違いがあることを踏まえる必要があると思います。英語では、自分の考えを主張することが基本であるのに対し、日本語では相手の考えに合わせることが基本になっているからです。

　また、英語の Yes / No が日本語の「はい／いいえ」とは働きそのものが異なると考えられます。英語の Yes / No は自分を主張するために、日本語の「はい／いいえ」は相手に合わせるために使われます。「Yes＝はい、No＝いいえ」という結び付け方そのものが間違っているのです。

　つまり、英語では、どのように尋ねられたとしても、好き（肯定）であれば Yes を、嫌い（否定）であれば No を使えばいいのです。相手の聞き方とは無関係に自己を主張します。一方、日本語では、尋ねられ方において相手に合わせる力が働きます。その意味では、日本語には Yes / No が存在しないと言っても過言ではないのです。以下の例で見てみましょう。

≪否定疑問文≫
Don't you like pizza?（ピザは好きじゃありませんか）
　Yes, I do.（<u>いいえ</u>、好きです）
　No, I don't.（<u>はい</u>、好きじゃありません）
≪肯定疑問文≫
Do you like pizza?（ピザは好きですか）
　Yes, I do.（はい、好きです）
　No, I don't.（いいえ、好きじゃありません）

このように、2種類の疑問文を比較すると一目瞭然ですね。否定疑問文では下線部が英語と日本語で反転しています。つまり、英語はどんな質問のしかたであってもYes / Noは変化しません。でも、日本語の方は、相手の聞き方によって答えを使い分けていることがわかります。これが欧米文化と日本文化の違いと言えるのです。言語を通して、「自己中心型」と「相手中心型」の文化に分かれると考えられます。したがって、英語を使うときは、相手の聞き方に注意を払うのではなく、あくまで自分中心的に物事を判断すればよいのです。
　日本人が「はい、はい、はい」と何度も繰り返して言いますが、これを英語に直して"Yes, yes, yes."と言えば変でしょう。英語ではYes / Noを繰り返して使うことはしません。ここにも英語と日本語で相づち打ち方の違いが表れていますね。
　お隣の国で話されている中国語でも日本語と同じような相づちを打つようです。中国の留学生と英語で話していると、本来"No."と答えるところで"Yes."と言うことが往々にしてありますので、否定疑問文の答え方は日本語と同様だと言えます。
　そして、冒頭で紹介した"Don't you like pizza?"のような否定疑問文で聞く場合は、「なぜ好きじゃないの。(私のように) 好きだといいんだけどね」といった意味が込められていますので、日本語で「～じゃないですか」と同じ気持ちは伝わりません。日本語は否定疑問文を使えば相手には丁寧に響きますが、英語でむしろ逆効果になりますので、注意が必要です。

## 32. 現在形と現在進行形の違い：習慣と動作

　中学1年生で習う英文は、"I go to school every day."とか"My father plays tennis on Sunday."というものです。このとき、日本文の意味は「私は毎日学校へ行きます」や「父は日曜日にテニスをします」ですよね。
　では、「父は銀行に勤めています」となるとどうでしょうか。その英文を日本語の「～している」に引きずられて、"My father is working at a bank."と現在進行形にしていないでしょうか。正しくは、"My father

works at a bank."でなければいけないのです。でも、どうしてなのでしょうか。

　それは英語の現在形と現在進行形の本来の違いを理解していないからです。本来、現在形とは「日常の習慣」を示す表現であり、現在進行形は「目の前で起きていることを生き生きと」示す動作表現なのです。したがって、"I play soccer."は「僕は（日常の習慣として）サッカーをする」という意味で、今この時間に目の前でサッカーをしていなくても全然構わないのです。つまり、「父が今、この瞬間に銀行で働いている」わけではないので、"My father is working at a bank."と言えば、おかしな英文になってしまいます。

　よく人の職業を尋ねるときに、"What do you do (for a living)?"と現在形で尋ねるのも、なぜなのかおそらくうなずけるはずです。決して"What are you doing?"と現在進行形で言いません。

　たとえば、「私の姉は中国で日本語を教えています」も"My sister teaches Japanese in China."と現在形で表現します。日本語から類推して英文に訳すのではなくて、英語の現在時制（現在形と現在進行形が持つそれぞれの意味）が何であるかを理解しておくことが大切なのです。

　ただし、現在進行形には別に「近接未来」という用法があって、たとえば、"I'm leaving for Tokyo tomorrow."のように"be + 〜ing"の形で「明日、東京へ行きます」と言うことができます。これは"I'm going to leave for Tokyo tomorrow."とよく似た意味だと言えますが、両者の意味は少し違います。

　中学校２年生になると未来時制を表すにはwillとbe going toを習いますが、現在進行形で未来を表すことは現在でも教えないようです。もっと言うと、現在時制で"Tomorrow is Tuesday."といった単純な表現も中学校では習いません。これは大変もったいないことだと思います。それに、英語に動詞の現在形と過去形はあっても未来形はないことも確認しておきたいですね。

　英語の未来時制には上で紹介したように４種類の方法があります。ここで、整理をしてみましょう。

① I will leave for Tokyo tomorrow.
② I'm going to leave Tokyo tomorrow.
③ I'm leaving for Tokyo tomorrow.
④ I leave for Tokyo tomorrow.

①の will は「その場で決めたこと（新情報）を相手に言う場合」に言い、②は「相手に予定（旧情報）を言う場合」に言います。③は「発着を表す場合」に使い、④は「既にスケジュールで決まっている場合」に使います。4種類をうまく使い分けるところが面白いと思います。日本人にとってこの英語の感覚は理解しにくいと思われますが、4種類もあることで細かい心理を表すことができると言えます。

## 33. 現在完了形と過去形の違い

中学校3年生で登場する現在完了形ですが、それまでに学習した過去形との違いがわかっている生徒は少ないと思います。それは日本語に訳すと同じになってしまうからです。
次の例文を見てください。

Spring came.（春が来た）
Spring has come.（春が来た）

どちらも「春が来た」と訳していますが、2つの英文の決定的な違いはどこにあるのでしょうか。中学校で過去形は「過去に起こったこと」を表しますが、現在完了形は「過去に起こったことが現在まで影響している状態」を表し、「have / has ＋ 過去分詞」の形で表現しますと習いますが、これで両方の英文の意味がわかりますか。
中学校の授業で現在完了形を紹介する際には「完了・結果・経験・継続」など4種類の用法があります、などと習います。そして、

① 「完了」：～したところである
② 「結果」：～へ行った結果、今はここにいない
③ 「経験」：これまでに～したことがある
④ 「継続」：～の間、ずっと～し続けている

といった説明を受けますが、これで現在完了形の示す世界が見えてくるのでしょうか。まず現在完了形の主要部分から見ていきましょう。動詞（述語）に当たる部分が「have / has ＋ 過去分詞」であるということは、have / has が現在形を、過去分詞は過去形を表すことがわかります。それならば現在完了形は「過去と現在を併せ持った時制」であると考えられます。つまり、過去形は単なる過去の事実を表現し、現在完了形は過去の事実が現在まで残っている。言い換えれば、過去と現在をつなぐ働きが現在完了形にはあると考えるわけです。

さらに、日本語訳を見ると、4つの用法すべての語尾が「～である」とか「～いない」、「～がある」、「～いる」というように現在形が使われていることから、日本語においても「過去形」と「現在形」が混在していることがわかります。つまり、英語と日本語の動詞（述語）がうまく対応しているとも言えるのです。そこで、もう一度4つの用法を英文で見ていくと、

①完了：I have just finished my English homework.
　　　（ちょうど英語の宿題を終えたところで、今何もすることはない）
②結果：My son has grown up to be an engineer.
　　　（息子は成長してエンジニアになって、今もエンジニアだ）
③経験：Your mother has been to Canada twice.
　　　（君のお母さんはカナダへ2度行ったことがあるからわかるね）
④継続：We have lived here for ten years.
　　　（私たちはここに住んで10年になるし、今も住んでいる）

となります。下線を引いた日本語のように、4つの英文の表している内容は「現在も～である」と言う意味が残っているわけで、単純過去形のよう

に、過去に起きたことと現在とは無関係である、ということを表す時制ではないことがわかってきます。

　よく完了形と過去形の区別がわからないという声を聞いたことがありますが、「完了用法」で言えば、「ケーキ食べちゃったよ」という表現と「ケーキを食べた」の違いだと考えるとわかりやすいでしょう。日本語で「〜しちゃった」と言えば「ケーキを食べた結果、今はもうケーキは残っていない」という意味が含まれています。それが「完了用法」なのです。「食べた」という過去の事実と「今」の状態を合体させるのが現在完了形なのです。

　そして、最初の「春が来た」に話を戻すと、どちらも「春が来た」ことには変わりがありませんが、過去形では過去のいつか知らないが、「春が来た」ということを表していて、現在とはまったく関係がないのに対して、現在完了形では、はっきりといつ春が来たのかはわからないが、言えることは、今の季節が春であり、家の周りで花が咲き始めたり、鳥たちが鳴き始めたり、あちこちで春の陽気が感じられ、かつこの状況が当分は続く中で「春が来た」と表現していることがわかります。

　さらに、現在完了形は時制が現在であるため、過去時制を明確に表す two years ago のような副詞句は使えません。私は中学３年生の授業で、現在完了形は日本語には存在しないものだと習いました。そして、なぜ現在完了形は過去を示す副詞や副詞句、たとえば、yesterday や last week が完了用法で使えないのか理解できませんでした。一方で、過去を示す言葉（年号など）を使って"I have been living in Japan since 2000."のように表現できることが不思議でした。でも、期間を表すためには、起点を示す yesterday や last week などが必要ですし、前置詞の for を使えば for five weeks や for the last ten years のように表現できます。

　このように、日本語とほぼ同じような表現が英語の現在完了形だと思うとそれほど特殊なものではないことがわかってきます。欧米人とて同じ人間なのですから、見える世界がそれほど違わないというように考えることできれば、本来の英語「楽」習は、日本語を再認識させてくれるという点で大変有意義であると言えます。

## 34. 能動態と受動態（受身形）の違い

　中学校2年生になると、受動態を習います。一般には、受身形と言った方がわかりやすいでしょう。受身（形）とは、まさに柔道で最初に習う型で、怪我をしないよう相手に上手に投げられる型を体得することです。一方、能動態は「主語が（積極的に）ある動作を行うこと」で、受動態の「〜される」とは反対の意味を表すので、普通の文と言ってよいでしょう。
　受動態（受身形）は、よく次の例文を使って導入されます。

Ms. Suzuki teaches us English.
　（鈴木先生が私たちに英語を教えます）
＝We are taught English by Ms. Suzuki.
　（私たちは鈴木先生によって英語を教えられます）

　果たして、この2つの英文は同じ意味を表しているのでしょうか。
　答えは No です。文型（表現・構文）が異なれば、自ずから意味が違ってくるからです。Ms. Suzuki が主語なのか、We が主語なのかは焦点の当て方が異なるため、重要度に差が生じます。自然な表現は最初の英文ですが、「私たちが英語を教えてもらっている」ということを強調したい場合は、「受動態（受身形）使います。それに、2文目の日本文を読めば不自然な日本語だと感じられるでしょう。でも、中学校英語では両文は同じ意味だと習いませんでしたか。私は「能動態＝受動態」というふうに習いました。
　実は、受身形にはもともと使用上の目的があるのです。それは、本来の動作主を明確に示すことができない場合に受身形を使うことです。たとえば、

My bike was stolen yesterday.
　（昨日、僕の自転車が盗まれた）

といった文は、誰が盗んだのかがわかりません、というよりは、わからないから受身形を使うのです。"Someone stole my bike yesterday." と言ってもいいですが、普通、盗んだ人がわかっているのであれば、

One of your neighbors stole your bike yesterday.
（昨日、君の近所の1人が君の自転車を盗んだよ）

と言えます。つまり、受身形は受動態の「真逆」の意味を示すのではなく、最初から主語（主体）を明らかにする必要がない時、あるいは責任逃れをしたい時に使うのです。典型的な受身形の英文は以下の文です。

English is spoken in Australia.
（オーストラリアでは英語が話されています）
Your membership fee has not yet been paid.
（メンバー費がまだ支払われておりません）

　米国の有名な歌手であるレディー・ガガが19歳の時に作曲した歌詞に"I am captivated by you.（私はあなたの虜になりました）"がありますが、これは受動態（受身形）でないと真意が伝わりません。"You captivated me."のような能動態では、主語たるレディー・ガガの本当の気持ちが表現できないのです。

　私は中学2年生で忘れられない発見をしました。受身形の常套文である"I was born in Tokyo.（私は東京で生まれました）"といった英文を習った時、「そうか、英語では、生まれたのではなく、生まされた」と受身形で表現することに大変驚きました。と同時に、確かに自分自身の力で生まれてくるわけではなく、母親に生んでもらうのだから、英語では受動態（受身形）を使って表現するのかと妙に納得したことを覚えています。これは日本語との対比でみると、英語の方がより正確に表現する言語であると認識させられます。

　また、私は中学校の授業で、"be known to ～"や"be surprised at ～"

のような熟語を暗記させられ、前置詞の to や at が1セットで使われると信じて疑わなかったのですが、前置詞 by も同じようによく使われることを後に知りました。佐藤（2013b）によると、ネイティヴ・スピーカーが"He is known （　） everyone."の空欄に入れる前置詞は、to が13％、by が32％、どちらもが42％、能動態13％で、by の使用率が高いと報告していて、私は少し安心しました。

次に、私は高校の授業で、"look up to ～"や"look down on ～"などを受身形にした次のような英文を習いました。

　　Everybody in the class looks up to Susan.
　　　（クラスの誰もがスーザンを尊敬している）

のような能動態の英文を受身形にしてみると、

　　Susan is looked up to by everybody.
　　　（スーザンはクラスの誰からも尊敬されている）

が可能は可能ですが、実際にはネイティヴ・スピーカーの間でこのような受身形の文は使わず、能動態の文を使うようです。

## 35. 完了と未完了の違い：過去形と現在形

　皆さんは英語を学習し初めて「時制」というものを意識したのではないでしょうか。私も英文法を学習したことで日本語文法を意識するようになりました。そして、日本語にも現在・過去・未来という言葉はありますが、それぞれの時制が日本語にも存在するのでしょうか。
　英語だと、do-did-done といった感じで「原形－過去形－過去分詞」を暗記しましたよね。現在形には do と does があり、さらには進行形である doing を覚えます。私はこれを全部合体して do-does-did-done-doing などと機械的に丸記憶したものです。以前、英語には未来形はない代わりに4

種類の方法で表現できることを紹介しました。

　ところが、「毎朝、起きたら顔を洗う」とか「毎夜、寝る前に歯を磨く」といった日本文から英文に変換するときに、「あれっ、変だな」と思いました。日本語では「起きる－起きた」や「寝る－寝た」は一見「現在形－過去形」の関係に見えますが、よく考えてみると「起きたら」は「起きてから」、つまり「起きた後で」の意味ですね。まだ起きていないのに日本語では「起きた後で」と「起きる」という現在形ではなく、「起きた」という過去形が使われているのです。なんだかおかしいと思いませんか。因みに、この２文を英語に訳してみましょう。

　　I wash my face after I get up every morning.
　　I brush my teeth before I go to bed every night.

　英文に下線を引いたところの動詞はどちらも現在形を使っています。そこで、日本語には時制があるのだろうか、はたと考えてしまったのです。実を言うと、日本語には英語と同じような時制というものは存在せず、「完了・未完了」といった概念が存在すると言った方が正しいのではないかと考えられます。私たちは日本人ですので、日本語を基準に物事を考えて表現します。

　ところが、それを英語で表現しようとすれば、そのまま直訳できないことを感じます。時制がその一つです。そこで、日本語を再認識するというわけです。これが外国語を学ぶことの収穫だと考えられます。日本で育って日本語を身につけた日本人が英語を学ぶことで日本語について考え直す大きなきっかけになる。これが英語を学ぶことで得られる最大の効果の１つだと言えます。

　本書の「はじめに」のところで、「父は銀行に勤めています」を現在進行形ではなく、現在形で表現することを取り上げましたが、英語ではなぜそうするのか、また日本語ではなぜそうするのかがようやく見えてくると思います。まさに言語によって表現する世界が異なることが認知できるのです。決して一方通行ではなく、双方通行に物事を見ることで、今まで見

えなかったことが次第に見えるようになってきます。実に素晴らしいことだと思いませんか。

もう1つ時制に関して、英語の動詞には未来形がないのですが、日本語にも未来形というか、未来時制すらありません。たとえば、「来年、ドイツに留学に行きます」と言う場合、「行きます」は現在形で未来時制を代用しています。ということは、英語の未来時制（4種類）が現在形で表すことと似ていると思えませんか。もちろん、英語では、未来を表す助動詞（現在形）の will の力を借りるわけですが、一般動詞そのものは変化しません。未来形がないという点で、英語と日本語は一致していると考えてよさそうです。

最後に、英語の時制について復習してみましょう。基本的には、現在・過去・未来の3時制に対して、進行形・完了形・完了進行形の組み合わせが考えられますので、以下のように、3時制×4相＝12 種類の時制があることになります。

表 26：英語の時制（12 通り）

| 基本時制 | 現在時制 | 過去時制 | 未来時制 |
|---|---|---|---|
| 進行形 | 現在進行形 | 過去進行形 | 未来進行形 |
| 完了形 | 現在完了形 | 過去完了形 | 未来完了形 |
| 完了進行形 | 現在完了進行形 | 過去完了進行形 | 未来完了進行形 |

でも、このような文法用語では大変わかりにくいので、たとえば、動詞 walk を例にとって 12 種類の時制の英文で表してみると、下の表 27 のようになります。

表 27：12 通りの時制の英文例

| 基本時制 | I walk. | I walked. | I will walk. |
|---|---|---|---|
| be + ～ing | I am walking. | I was walking. | I will be walking. |
| have +過去分詞 | I have walked. | I had walked. | I will have walked. |
| have been + ～ing | I have been walking. | I had been walking. | I will have been walking. |

ところが、この中で実際の会話ではほとんど使われない時制があります。それは「未来完了進行形」です。これは公的な文書といった堅苦しい文言に使われるだけで、日常の会話ではあまり使いません。

## 36. 仮定法現在（原形動詞）と命令文（時制）

　私は中学1年生の2学期ぐらいで英語の命令文を習いました。最初は命令文が実に簡単に思えました。人に命令するとき、主語の You を入れずに、"Stand up." や "Look at the blackboard." と動詞を文頭に持ってこれば言えるからです。でも、You を入れるとどんな意味になるのだろうか。それと本当に命令していることになるのだろうか、といった疑問がありました。

　もし "You, stand up." と言えば、特別に人を指定していることで意味が強調され、「お前、立てよ」のような感じが出ます。それに、よくお客さんに対して、"Have a seat." とか "Help yourself." などと言いますが、これは「座れ」とか「取って食べろ」などと命令しているのではなく、相手にとって利益があること（この場合は、いすに座ることや自由に取って食べること）に関しては決して命令していることにはならないのです。逆に、丁寧に言うと却って不自然な印象を与えてしまうので、改めて命令文とは何かを理解しておくことが必要です。

　よく使うお礼の表現に "Thank you very much." がありますが、これは命令文ではなく、堅い表現では "I thank you for your kindness." のように主語を抜かしません。"We thank you for your continuous hard work." などと言って会社に貢献したことを祝したいときに主語をあえて文頭に置きます。ただ、日常会話で主語を言えばあまりに堅苦しく響くので、省略して使うことが多いのです。

　そして、この命令文ですが、見ての通り時制がありません。原形の動詞で書き始めますので、当然と言えば当然かもしれません。でも、時制がないということは何を意味するのかまでわかっていると英語の世界がより見えてくると思います。次の例文を見てください。

I suggested (that) Janet (should) take a day off this week.
（ジャネットは今週休暇をとった方がいいと私は提案した）

これは仮定法現在と呼ばれる文です。アメリカ英語では should を使わず、イギリス英語では should を使いますが、ここで疑問に感じるのは、アメリカ英語で "Janet take ..." となる点です。なぜ現在形ではないのかと不思議に思いませんか。いつも「3単現の s」を無意識のうちに付けられる欧米人は、果たして "s" なしで自然に言えるのだろうかと疑問が湧きますよね。私はこの英文が出てきたときに、なぜこんな変な文を使うのだろうかとまったく理解できませんでした。さらっと英文法を習うだけでは単なる暗記科目になってしまい、英語の世界が見えて来なかったのです。

以前、「35. 完了と未完了の違い」でお話した英語の現在形は、基本的に習慣を表すことを思い出せば、"Janet takes ..." では都合が悪いと感じるはずです。なぜなら、ジャネットはまだ休みを取っていないからです。つまり、命令文と同様、まだ行っていない動作を提案、推薦、助言、警告する場合は、時制のない文を使わなければいけないのです。だから、欧米人は "s" のない文を間違えることなく言うことができます。

以下に、他の例を紹介しましょう。

I recommend (that) Meg <u>walk</u> at least one hour a day.
（メグが毎日少なくとも1時間歩くよう勧める）
I advised (that) John <u>not smoke</u> every day.
（ジョンが毎日煙草を吸わないよう助言する）
I strongly warned (that) Bob <u>lose</u> ten pounds within a year.
（ボブが1年以内に10ポンド落とすよう強く警告する）

これ以外にも、英語には仮定法（過去と過去完了）と呼ばれる英文法の中で一番複雑な構造をもつとされる表現があります。でも、仮定法とてそれほど複雑でもないのです。「38.「仮定法」って話し言葉で使えるの？」の項で改めて紹介します。

## 37. "I know Ichiro."ってどこが変なの？

　日本人が英語で"I know Ichiro."と言うとたいていの欧米人は驚きます。それは"I know ～."という表現が「～を（間接的に）知っている」と言う意味ではなく、「～と知り合い（懇意）である」という意味だからです。こんな大切なことを、なぜ中学校の英語の授業で教えてくれなかったんでしょうか。生徒が本当のことを知らずにこの英文を練習していたということは、ひょっとして英語の教師自身も知らなかったのかもしれません。もし、イチローなどのスポーツ選手や有名人などを知っていると言いたい場合、英語では"I know of Ichiro."のように前置詞 of を入れたり、"I know who he is."のように間接疑問文で表現したりします。日本語の直訳によるミスは避けたいですよね。

　また、「～を信じている」と言いたいとき、単に"I believe ～."と言えば、「人や言葉を信じる」の意味になります。一方、「～の存在を信じる」と言いたいのであれば、"I believe in life after death.（死語の人生を信ずる）"のようになります。このように、英語では直訳ではなく、きちんとした区別をするだけの細かい基準のようなものがあると考えられます。

　逆に、「仕事が終わったら、一杯やりませんか」という文を英語に直訳すると、"How about a drink after work?"になるのでしょうか。実を言うと、英語でもそう言うんです。日本語で「一杯」と言いながら、何杯飲んでもいいのも同じです。ただし、中学校で get drinking を習ったとすれば、これは「ぐでんぐでんになるまで飲む」という意味になるので、注意しましょう。私は中学校で「買い物に行く」を go shopping、「スキーに行く」を go skiing、「ボウリングに行く」を go bowling と習ったので、「飲みに行く」は当然、go drinking だと思っていました。

　次に、believe です。これは「～を信じる」の意味で中学校では習います。しかし、前置詞の in を後ろに置いて believe in とすれば、「～の存在を信じる」の意味になります。know と know of の関係と同じで、believe と believe in の関係がわかるようになるといいです。日本語ではあまり区別しなくてもすむのに、英語ではきちんと区別するところが「言語の違い

＝文化の違い」という図式で捉えられると思います。

最後に、belong to です。「～に所属する」の意味を習いますが、belong with だとどんな意味になるでしょうか。これは「～と調和する」の意味で使います。このように、前置詞が少し代わるだけで、意味が相当変わってくるので、前置詞が本来持っている語義のイメージをつかむことが大切だと言えます。

## 38. 「仮定法」って話し言葉で使えるの？

私は高校1年生の英語の授業で仮定法を習いました。確か、仮定法現在、仮定法過去、仮定法過去完了の3つの用法だったと記憶しています。それに、それらの構文が実に複雑で、例文を書くことは別としても、仮定法過去完了の文を欧米人が日常会話で本当に使いこなすのだろうかと思ったものです。私自身もただ重要構文を記憶するだけで、1つの仮定法の例文を覚える気などさらさらなかったという記憶があります。その文は、"If I were a bird, I would fly to you." という英文で、その後、米国に留学したとき、この英文を習ったと話すと、「ちょっと変な英文だね。なんで鳥でなければいけないのか」と言われました。きっと日本人が文学的な発想で英文を考えたのでしょう。でも、この仮定法がないと会話そのものが成立しなくなるほど極めて重要な構文であることを米国滞在中に納得させられました。

まず、中学校で最初に登場する典型的な仮定法の文は "I'd like to order a cheeseburger." といった注文で使う表現なのです。この "I'd＝I would," つまり助動詞 will の過去形 would なのです。この過去形であるところがポイントです。現在形では「意志」を表し、丁寧な表現になりません。過去形であるということは、現在形との心理的な距離を置いていることを意味します。

たとえば、日本語で「ご注文は何でしたでしょうか」と言われる方が「ご注文は何ですか」と言われるよりも丁寧な響きを感じられますよね。また、「お客さまは、何名様でしたか」の方が「お客さまは、何人ですか」より

も直接的ではなく、間接的でより丁寧な印象を客に与えます。それに「お聞きしたいのですが、……」よりも「お聞きしたいと思っていたのですが、……」の方が控えめな感じが出ます。

　ということは、日本語にもこの仮定法が本来持っている感覚があると言えるのです。英語でも日本語でも現在形よりも過去形の方が丁寧である。だから、仮定法で使われるというわけです。では、仮定法過去の例を見てみましょう。

　　I was wondering if you could spare some time for this.
　　（これに少し時間を割いていただけたらと思っていまして）
　　I wish you would come to my concert this week.
　　（今週、私のコンサートに来られたらいいですのに）
　　You might fail if you were lazy.
　　（怠けていると失敗するかもしれないね）

　ここで重要なことは、仮定法過去であっても扱っている時制は現在であって、相手に丁寧な表現を伝えている点です。もし、過去の文にしたいときには、仮定法過去完了を使います。ただ、この構文は相当に複雑です。例文を見てみましょう。

　　I wish I had gone to see the movie with you last week.
　　（先週、君と映画を見に行けば良かったのになあ）
　　If you had told me before, I might not have failed.
　　（以前、君が教えてくれていたなら、失敗しなかったかもしれない）

　最初の英文は「had + 過去分詞」が１ヶ所ありますが、２つ目の英文には、それと「助動詞の過去形 + not + have + 過去分詞」と実に複雑な組み合わせになっています。口語では、最初の３単語を縮めて mightn't've と言っていますが、よくもまあ３つの単語を１つによく縮約できるものだと感心したことがあります。might 以外にも、couldn't've、wouldn't've、

105

shouldn't've がありますよ。

## 39. because / since / as はどう区別するの？

　中学校では「〜なので（原因・理由）」の意味を表す because を最初に習います。高校へ行くと since や as が出てきますが、どれも原因や理由を示すので、どう使い分けるのか、あるいは違いはどこにあるのかを教えてくれません。たとえば、日本語で「〜なので」と「〜だから」は共に原因や理由を表しますが、意味は本当に同じなのでしょうか。実を言うと、この「〜ので」と「〜から」が英語の because と since に相当するのです。
　まず、最初の because（〜ので）ですが、これは新情報が後に来る場合に使います。一方、since（〜から）ですが、これは旧情報が後に続く場合に使います。では、以下の日本語で比較してみましょう。

　雨が降る<u>ので</u>、明日の運動会は中止します。
　雨が降る<u>から</u>、明日の運動会は中止します。

　日本語であれば、2つの文の違いがよく理解できると思います。人に「〜から」を多用されると、「そんなことは知らないよ」と言いたくなるはずです。だって、聞いたことのない話を相手は当然知っていると思いながら話しているからです。一方の「〜ので」は相手が知らないだろうと思って話しているので、聞いている方はあまり違和感がないはずです。では、今度は両方の日本文を英語に翻訳してみましょう。

　Tomorrow's field day is cancelled <u>because</u> it's going to rain.
　Tomorrow's field day is cancelled <u>since</u> it's going to rain.

　どうでしょう。違いが感じられたでしょうか。そう言えば、中国からの留学生が理由を述べるとき、「私は日本のアニメが好きですから」などと言うことが多いのですが、この例なども「私は日本のアニメが好きなので」

と正しい使い方を丁寧に教えてほしいと思いますし、気がつけば私は留学生に違いを丁寧に説明します。

　では、as はどうなのでしょうか。もともと as は前置詞で、「～のように」とか「～として」などといった意味を持っていますし、"as ~ as" では「同じように～」といった接続詞の働きもあります。それが「～なので」を表すとは少し考えにくいでしょうね。でも、「～と同じ」や「～のように」を語義としてもつということは「イコール」のイメージが伴っていることを指しています。

I went home soon as it was getting very dark.
（とても暗くなってきたので、僕はすぐに家に帰った）

という英文は、「すぐに家に帰った」＝「とても暗くなってきた」と考えられます。この２文をつないでいるのが接続詞の as だというわけです。もちろん because や since も使うことができますが、話し手の意識が「同時性」にあるとき、as が使われるのです。

## 40.「関係代名詞」って使えるの？

　中学３年生になると関係代名詞を習います。私は「関係する代名詞」とは一体何だろうかと思ったものです。中学校では関係代名詞は２つの英文を１つの英文にするために使うと習います。以下の例を見てみましょう。

I have a friend. ＋ He plays baseball well.
（僕には友達がいる。＋彼は野球が上手だ。）
⇒ I have a friend who plays baseball well.
（僕には野球が上手な友達がいる）

　この場合、friend が先行詞で、he が（人物の）主格に当たるので、関係代名詞 who（動物や物の場合は which）を使って１文にしますと言った

具合に説明をされませんでしたか。実は、この「2文を1文に」するというのが関係代名詞が使われる本来の理由ではありません。英語を第1言語として話す人々が、常に最初から「2文を1つに」まとめようと思って英語を話してはいません。この関係代名詞は、英語で relative pronoun と言いますが、これは単なる直訳で、本来は friend を言った後で、もう少し詳しく説明しようとして文を続ける時に関係代名詞（ここでは who）をある種のマーカーとして置き、文を続けているのです。

そして、よく関係代名詞の whose（人物、動物、物の所有格）を、

My aunt lives in a house whose roof is brown.
（僕の叔母さんは屋根が茶色の家に住んでいる）

といった英文で紹介されませんでしたか。私もそのように習ったので、今でもよく覚えていますが、実はネイティヴ・スピーカーはそのような関係代名詞の使い方はしません。「うっそー？」と言われそうですが、この表現は少し不自然なので、

My aunt lives in a house and its roof is brown.
（僕の叔母さんは家に住んでいて、屋根が茶色だよ）

というように2文で表現すればよいのです。何でもかんでも「2文を1文に」というわけではないのです。あるいは、with を使って一文で、

My aunt lives in a house with a brown roof.
（僕の叔母さんは茶色の屋根の家に住んでいる）

と言えば一番単純でわかりやすいのです。恐らく日本人の英語教師が関係代名詞を説明するために無理やりこしらえた英文なのでしょうね。

関係代名詞で最も使われるのが先行詞を含む関係代名詞 what です。この what がないと英語を話したり、書いたりするのに支障を来たしてしま

います。よく使う what の例文をあげますと、

　What I'm going to talk about today is we're going to ......
　（今日私がお話しすることは、.....する予定であると言うことです）
　Do you know what you're supposed to do tomorrow?
　（あなたは明日何をすることになっているか知っていますか）

となります。関係詞の what を言い換えると the thing which になりますが、文が長くなってしまうので、便利な what を使うわけです。また、高校で習う複合関係代名詞の whatever, whichever, whoever などや複合関係副詞の whenever, wherever, however なども日常の会話でよく使われます。

　このように、関係代名詞は日本語には存在しませんが、英語では大変便利な言葉で、ヨーロッパの言語（ドイツ語、フランス語、イタリア語、スペイン語、ポルトガル語）などでは不可欠なものです。

第4章　英語と日本語のおもしろ比較

## 41. 日英比較の秘話（1）：「私・あなた」と "I / You"

英語では主語に "I" や "you" を使いますが、どんな文意であっても常に不変ですよね。一方、日本語では、

「私」→ 俺、僕、余、自分、俺様、手前、我、あたし、あたい、わたし、わたくし、あたくし、あっし、此の方、まろ、わし、わち、わちき、わて、わらわ、おのれ、うち、みども、わっし、ちん、こち、こちら、こっち、こちとら、それがし、おいどん、我輩、拙者、小生、など

「あなた」→ 君、お前、自分、貴様、貴公、貴殿、貴所、われ、手前、あんた、てめえ、おめえ、お前さん、お前さま、お宅、御辺、お宅様、汝、お主、そち、お身、こなた、あなた様、おのれ、そちら、そっち、そなた、そちとら、其の方、そのもと、おんどれ、など

と、実に30種類以上もあります。これだけの言葉が存在することは、日本語が敬語体系を持っている証拠です。日本語では自分の立場によって「私」や「あなた」を使い分けるので、外国人にとっては使い方の習得が難しいとされます。でも、日本語は基本的に主語を省略できるので、言葉の選択に神経を使う必要はありません。上の中で、□で囲んだ「私」と「あなた」の両方を意味する言葉は、自分、手前、おのれ（己）の3語です。どちらも意味することができるというのは面白いですね。

日本語で「私」と子どもが言う場合、それは女の子であり、男の子が「私」と言えば変です。普通、男の子は「僕」を使い、中学生になる頃には「俺」を使い始めます。そして、大人（大学生ぐらい）になって初めて男の人が「私」を使い始めるというのは、よく考えてみると実に不思議ですね。私は未だに授業中に「僕」と言っています（笑）。

では、「わたし」の変形である「あたし」や「あたい」はどのようにしてできたのでしょうか。これらをローマ字で表記してみるとわかります。watashi の w 音がとれると「あたし」に、atai は w と sh がとれた形になったと考えられます。ちょうど、「ありがとうございます」が短くなって「ありやーす」とか「あっす」のように極端に崩して言っているのと同じことです。もともとは鎌倉・室町時代に使われていた「わたくし」が江戸時代になって「わたし」→「わし」のように変化していったと考えられています。
　私は英語の授業で英文を通り一遍に「私は～」や「あなたは～」と日本語に訳していたとき、非常に違和感を覚えた記憶があります。he や she もそうでした。「彼は～」や「彼女は～」と訳すと恋人のことを言っているような感じがして、気持ちが悪かったのを覚えています。
　では、英語以外の 6 種類のヨーロッパにある言語では、主語をどう表すのでしょうか。これらの言語にも、日本語ほど多くはないのですが、一応親称の代名詞の「君」と敬称の代名詞の「あなた」があります。下の表 28 を見てください。

表 28：7 言語の主語（主格）

|  | 私 | 君(親称) | あなた(敬称) |
|---|---|---|---|
| 英　語 | I | thou(古) | you |
| ドイツ語 | Ich | du | Sie |
| フランス語 | Je | tu | vous |
| イタリア語 | Io | tu | Lei |
| スペイン語 | Yo | tú | usted |
| ロシア語 | Я | ты | вы |
| フィンランド語 | minä | sinä | te |

　「私」に相当する単語は大文字で表す言語が多いのですが、親称の「君」という単語は、ロマンス系のフランス語、イタリア語、スペイン語はすべて短く、ほぼ同じです。
　そう言えば、英語の you は「あなたは」と「あなたたちは」の 2 つの意

味があることに違和感があったことを私は思い出します。他の代名詞で単数形と複数形が同じなのはありません。代名詞では you だけなのです。本当にずっとそうだったのでしょうか。実を言うと、you は近代英語では、単数・複数の区別だけではなく、もっと細かく使い分けられていました。下の表 29 を見てください。

表 29：2 人称代名詞の格変化

|  | 主格（～は・が） | 所有格（～の） | 目的格（～に・を） |
|---|---|---|---|
| 単数形 | thou, ye, you | thy, thine, your | thee, you |
| 複数形 | ye, you | your | you |

　単数形の方が種類は多いですが、現代では複数形が単数形を代用されるようになったと考えられますね。英語は、古英語 ⇒ 中世英語 ⇒ 近代英語 ⇒ 現代英語と変遷しながら現在に至っているわけですが、私たちの日本語が平安 ⇒ 鎌倉・室町 ⇒ 江戸 ⇒ 明治・大正 ⇒ 昭和・平成という時代を経て変化していることと同じだと考えると興味が湧いてきますよね。さらに言うと、現代英語の現在形だと、主語が代名詞の場合、

I / You / We / They play golf.
He / She / It play<u>s</u> golf.

の 2 種類しかありませんが、表 30 のように古英語（700～1100 年頃）に語尾変化がありました。古英語の変化と比べると、現代英語はいかにも単

表 30：古英語と現代英語の比較

| 主　語 | 古英語 | | 現代英語 | |
|---|---|---|---|---|
|  | 現在形 | 過去形 | 現在形 | 過去形 |
| I | play(e) | played(e) | play | played |
| thou(you) | playest | playedest | play | played |
| he / she | playeth | played(e) | plays | played |
| we / you / they | playe(n) | played(en) | play | played |

純化されてすっきりしていると言えます。私は簡略化された方の現代英語を習っていて本当に良かったと思います。

実は、ロマンス系の言語であるフランス語やスペイン語は現代でも複雑な動詞の活用変化が見られます。たとえば、スペイン語の hablar（語根は habl-）は英語の speak に相当する単語ですが、現在形（単数・複数）だけでも6種類に変化します。

表31：スペイン語の現在形動詞の変化

| 代名詞（主格） | 単数形 | 代名詞（主格） | 複数形 |
|---|---|---|---|
| yo 私は (I) | hablo | nosotros (-as) 私たちは (we) | hablamos |
| tú 君は (you) | habla | vosotros (-as) 君たちは (you) | hablais |
| usted あなたは (you)<br>él 彼は (he)<br>ella 彼女は (she) | hablas | ustedes あなた方は (you)<br>ellos 彼らは (they)<br>ellas 彼女らは (they) | hablan |

（　）内には相当する英単語を入れていますが、どうでしょうか。かなり複雑に感じられませんか。ところが、これは直説法・現在だけの活用で、これ以外にも現在完了、不定過去、不完了過去、過去完了（大過去）、過去未来、未来、未来完了、過去未来完了、そして、接続法・現在、現在完了、不完了過去、大過去、さらには命令法まで含めると、とても時制の数は英語の比ではありません。

実は、スペイン語やフランス語などのロマンス語では、一つの動詞がなんと72通りにも活用するのです。ロマンス語の言語に比べると英語がいかに単純なのかがおわかりになると思います。スペイン語の話者は常に性・数（人称、単・複数形）、自然と時制や動詞の変化を意識しながら話をしたり、メールを書いたりしているんでしょうね。

## 42. 日英語比較の秘話（2）：状況描写言語と行動要求言語

私が中学生だった頃、「うるさい！」が "Be quiet!" になる理由がわか

りませんでした。「危ない！」がなぜ"Watch out!"になるのか、不思議でなりませんでした。日本文を直訳して、"You're noisy!"とか"It's dangerous!"と言ったら、欧米人はどう思うのでしょうか。

　実を言うと、日本語は「状況描写言語」だと考えられます。ある状況を描写することで、相手に理解してほしい、あるいは何かをしてほしいと求める言語なのです。この場所が「うるさい！」から相手に「黙ってほしい」というメッセージを出していますし、目の前が「危ない！」から相手に「周囲を注意しなさい」というメッセージを出すことで周囲の状況（場の雰囲気）を描写することで相手に何かを伝えるという文化であると考えられます。言わば日本語が静的な言語で、かつ甘えの感情を内包する言語です。

　これに対して、英語は「行動要求言語」であると言えます。相手にこのように行動してほしいと要求するメッセージを発します。つまり、言葉の持っている意味が直接相手に伝えられるのです。しかし、日本語は反対に、間接的に意図を伝えています。これは言語が文化的な背景に規定されていることの証拠だと言えます。つまり、英語は動的な言語で、独立心を持たせる言語です。

　このように、日本語はあからさまに言うことを避けようとし、また間接的に言いたい内容を相手に伝えようとする言語であるのに対して、英語は直接的にして相手にしてほしいことを伝える言語なのです。また、「うるさい」の英語は"Be quiet!"以外に、"Shut up!"や"Quiet down!"などの表現があり、日本語によく似た表現"You're making too much noise."があるにはありますが、あくまで動作の方が一般的な表現です。また、「危ない」は"Look out!"や"Be careful!"、"You may get hurt."などがあります。

　近頃、空港のエスカレーターの前にある英語案内"Watch you step!"がありますが、日本語案内は「まもなく終了します」になっています。英語では「気をつけなさい」という注意を喚起して相手に行動を促しているのに対して、日本語では単に状況を描写しているのに過ぎません。文化的な差異が見られますね。

　また、よく日本人が「それはちょっと難しいですね」と言いますが、こ

の文の含意は「無理だ、不可能だ」ということです。でも、この日本語文を英語に直訳すると"It's a little difficult."になって、欧米人は「難しいけれど、不可能ではない」という意味だと理解します。直訳が危険であることがわかりますか。つまり、日本文化にどっぷり漬かった日本人が日本語を英語に訳す場合は、相手の文化、ここでは英米文化に根ざした英米人が使う英語を理解していない限り誤解されるような英語を作ってしまうということになります。

　これは日本語が意味を和らげて表現することが美徳であるという文化に規定されるからです。英語ではっきりと"It's impossible."と言えば相手はもちろん理解してくれますが、直接的にものを言うことを避ける文化に深く根ざしている日本人はそれができません。はっきりとものを言う人は嫌われますし、憚られるので、できるだけ遠回しに表現する方法を日本人は選択します。それが文化に規定される言語の宿命であると言えます。言語が先ではなく、文化が先であり、言語は文化に規定されるのです。

　最近、特に気になる日本語と言えば、よくインタビューで「そうですね」を連発する人が増えたことです。インタビューをする人が聞いたことをまずは受け止める姿勢が見て取れます。絶対に否定しない、という精神が感じられます。何を聞かれても「ええ、そうですね」と間を置いて次に何を言うか考えている感じがします。

　一方で、否定する意図などがまったくなくても「いやー、驚きましたね」や「いや、そうですね」のように「いやー」または「いや」を使っています。決して「ええ、驚きました」や「ええ、そうですね」とは言いません。私は「いや」と聞けば、その後に否定的な言葉が続くのかなと予想するのですが、そのまま肯定的な言葉がそのあとに続くので、こちらの方が驚いてしまいます。

### 43. 日本語の「ん」の発音は6種類もあるの？

　米国で日本語初級クラスを担当していたときに、学生から「日本語の「ん」は何種類あるのですか」と質問されて、返答に困ったことがありま

す。それまで五十音を教えていて、「ん」の発音をすると、英語発音の"n"ではないかと言うのです。

確かに、英語の場合は舌先を必ず上歯茎に付けて発音しますが、日本語の「ん」は、たとえば、「本」や「5円」と言うときの「ん」の発音は日本語独特で、欧米人が習得するには相当困難な発音だとされています。在日経験が長い人であっても、舌先がどうしても上歯茎に付いてしまうそうです。

では、日本語の「ん」が後続する音によって6種類に変わる条件を以下の表で見てみましょう。実際に例語を発音しながら、舌の位置がどうなっているのかを確かめてみるとよく理解できる思います。

表32:「ん」の発音（6種類）

| | 「ん」の位置 | 発音 | 例語 |
| --- | --- | --- | --- |
| ① | p, b, m が続くとき | [m] の発音 | 半端（はんぱ）、現場（げんば）、伝馬（てんま） |
| ② | t, d, n が続くとき | [n] の発音 | 反対（はんたい）、三段（さんだん）、因縁（いんねん） |
| ③ | k, g が続くとき | [ŋ] の発音 | 関係（かんけい）、歓迎（かんげい） |
| ④ | 語末に来るとき | [N] の発音 | 本（ほん）、円（えん）、サイン、メロン、パン |
| ⑤ | 「にゃ」が続くとき | [ɲ] の発音 | 般若（はんにゃ）、ぐにゃ、くにゃ |
| ⑥ | 母音が続くとき | [ŋ] の発音 | 懇意（こんい） |

## 44. 日本語の「どうも」は英語で7通りの意味があるの？

私が米国で「Business Japanese（ビジネス日本語）」という科目を教えていたとき、日本語でよく使う「どうも」以上に便利な言葉は他にないと思いました。実を言うと、「どうも」は英語で訳してみるとなんと7通りの意味があることがわかりました。順に紹介しましょう。

① Hi. / Hello.（どうも）
② Good-bye.（どうも）
③ You're welcome.（どうも）
④ I'm sorry.（どうも）
⑤ Thank you (for the other day).（この前はどうも）
⑥ (It's) Nice to meet you. / (It was) Nice meeting you.（どうも）
⑦ I'm afraid I don't / can't eat *natto*.（納豆はどうも……）

つまり、「どうも」という表現はある意味で日本語が曖昧であるため、どのようにも解釈できるというわけです。あとはこの言葉を聞いた人が判断すればよいので、「どうも」自体にあまり意味がないのではないと言ってもよいでしょうね。

## 45. 26文字のアルファベットと五十音

英語のaからzのアルファベットは「表音文字」と言われ、たったの26文字しかありませんが、その組み合わせを考えると無限の数の単語ができます。一方、日本語の五十音は「表意文字」と言い、文字数はアルファベットの2倍ありますが、天沼・大坪・水谷（1978）によると、日本語には音の種類が全部で113音しかないそうです。英語の3万種類以上とは比較にならないので、欧米人から見ると日本語の発音を覚えることは比較的易しいということになります。

日本語には「あ・い・う・え・お」の5つの母音しかありませんが、音体系としては、さきほど五十音図で見たように、日本語は母音中心の言語であるため、五十音のうちで母音がない音は撥音便の「ん」だけで、残りはすべて5つの母音のどれかが含まれ、母音で終わる言葉がほとんどです。また、日本語には母音だけでできる言葉が多いのが特徴です。たとえば、「あい（愛）」「いえ（家）」「うお（魚）」「おい（甥）」「あおい（青い）」など、すぐに思い付きます。また、この5つの母音がすべて入った日本語の名前や言葉に、古くは天照大神（Amaterasu Ohmikami）や山口百恵

（Yamaguchi Momoe）、徳川家康（Tokugawa Ieyasu）などがあります。また、「おい、あおい・いい・うお・を・おえ（おい、青いいい魚を追え）」といった母音だけの文が可能です。

　そして、五十音をすべて使った文と言えば、あの有名な「いろはにほへと・ちりぬるを・わかよたれそ・つねならむ・うゐのおくやま・けふこえて・あさきゆめみし・ゑひもせす」の七五調の「いろは歌」で、これに漢字をところどころ当ててみると「色は匂へど・散りぬるを・我が世たれぞ・常ならむ・有為の奥山・今日越えて・浅き夢見じ・酔ひもせず」となって、意味が取れます。

　一方、英語の場合、日本語とは逆に子音中心の音体系をもった言語であるため、「子音＋母音＋子音」が音の組み合わせの基本で、子音で終わる単語が多いのが特徴です。母音は 24 種類ありますが、5 つの母音字（a・e・i・o・u）だけでできている英単語は ai のみで、意味は「三つ指ナマケモノ」です。また、母音字がすべて入った名前や単語には、authorized, communication, education, revolutionary, simultaneous, ultraviolet, unorganized などがあります。さらに、なんとアルファベット 26 文字をすべて一度だけ使ってできる英文が 1 つだけあります。それは、"Mr. Jock, TV quiz Ph.D., bags few lynx." という英文で、意味は「テレビのクイズ博士のジョックさんは大山猫をほとんど捕獲しない」です。bag には動詞で「（獲物を）捕える、仕留める」の意味があるので、こんな英文が可能なんでしょうね。

　ところで、「場合」は「ばあい」と発音しますが、時には「ばわい」のように発音します。「不安」も「ふあん」や「ふわん」とも発音しますね。これは渡り音の w を挿入しているからです。w 音だけではなく、y 音も挿入しやすい発音です。「タイア」を「タイヤ」と言ったり、「ダイアモンド」を「ダイヤモンド」と読んだりするのも渡り音が入っているためです。

　それに、日本語には母音が 5 音しかないのですが、世界の言語には母音が 3 音（ア・イ・ウ）しかない言葉が存在します。英語の母音は 24 音もありますが、それは極めて多いと考えてよいのです。ただ、世界で 1 番多いのは 30 音の母音を持つ言語だとされています。

表33：母音の数と言語の関係

| 母音の数 | 言　語 |
|---|---|
| a, i, u（3） | アラビア語、中南米・ケチュア語、琉球語 |
| a, i, u, e, o（5） | 日本語、スペイン語、ハワイ語、マオリ語 |
| a, i, u, ε, e, o（6） | ギリシャ語 |
| a, ɔ, o, u, ε, e, i（7） | イタリア語・トスカーナ方言、俗ラテン語 タンザニア・マテンゴ語、コンゴ・リンガラ語 |
| a, æ, ʌ, ɔ, o, u, u, ε, e, i（11） | 英語 |

　一方、子音は世界に80音が存在すると考えられています。日本語には20音程度があり、英語には26音がありますが、それにしても80種類の子音があるとは驚きですね。

　最後に、色の3原色は「赤・緑・青」ですが、虹の色は何種類あるのでしょうか。日本では虹の色は7色だと考えられていますが、世界にはたったの2色しかないと見ている民族・国・地域があり、その他にも3色、4色、5色、6色など、住む世界によってさまざまな認識の違いがあります。実は、英語圏でも虹は7色ではなく、6色が普通のようです。これも母音の数と関係がありそうですね。下の表34で比較してみましょう。

　世界では虹の色の数が2～7種類まであるとは誰も想像できないでしょうが、言語が色の認識を限定していると考えられます。日本は7種類全部の色を認識できるわけですから、色に対する観察が鋭いと言えます。

表34：虹の色と民族・国・地域の関係

| 虹の色の数 | 民族・国・地域 |
|---|---|
| 赤・青（2） | インド・バイガ族、リベリア・バサ族 |
| 赤・緑・青（3） | 中世のヨーロッパ |
| 赤・黄・緑・青（4） | イスラム圏 |
| 赤・黄・緑・青・紫（5） | 中国、ドイツ |
| 赤・橙・黄・緑・青・紫（6） | イギリス、アメリカ |
| 赤・橙・黄・緑・青・藍・紫（7） | 日本、フランス、中国・ミャオ族 |

## 46. 英語に敬語はあるの？

　よく英語にも日本語のような敬語があるのかと聞かれますが、いわゆる日本語のような敬語体系は英語に存在しません。でも、丁寧な表現はあります。日本語の敬語は、細かく分類すると5つに分けられるそうです。私自身は中学校の国語の授業で、尊敬語、謙譲語、丁寧語の3種類を習いましたが、2007年に文化審議会国語分科会で丁重語と美化語の2種類を加えて、全部で5種類あると示すようになりました。

　英語で丁寧な表現と言えば、真っ先に思い当たるのは could や would などの助動詞の過去形を使ったものです。もちろん、mind や may などを使う方法がありますが、なんと言っても使用頻度から言って、could や would を抜きにしては丁寧表現を語ることはできません。

　たとえば、人に依頼するときに、"Please help me." が丁寧であると習った私は、実を言うとこれが命令文であって、いくら please が入っていても、丁寧な依頼表現ではないと知ったのはかなり後になってからです。通常、これを丁寧にするには "Could / Would you help me?" といった表現を使います。どうして最初にこの表現を中学校で教えてもらえなかったのか、今でも大変残念です。

　そう言えば、中学校で習った丁寧な表現は "I'd like to ～." だけでした。なぜこの言い方が丁寧で、"I want to ～." とどう違うのか、教えてもらえませんでした。日本語で丁寧な表現と言えば、「～してくださいませんか」とか「～していただけないでしょうか」といった否定語を含む表現をまず先に思い付きますよね。英語で否定疑問文として覚えているのは、"Won't you open the window?" の表現です。ところが、これは丁寧ではなく、反対に「窓を開けてくれてもいいのに……」のような不満じみた言い方であると知って驚いたものです。英語では丁寧な表現としては、would や could に if や wonder を加えて、

　　I wonder if you could help me carry this heavy box.
　　（この重い箱を運ぶのを手伝ってくださるといいのですが）

と言ったり、過去形の疑問文にしたりして、

> Would it be all right if I asked you to move your car?
> (お車のご移動をお願いしてもよろしいでしょうか)

などと言うことが多いようです。さらに、mind を使って仮定法過去で尋ねる方法があります。

> Do you mind if you stop smoking in this area?
> (この場所でタバコを吸うことを止めていただけますか)
> Would you mind if you stopped smoking in this area?
> (ここでタバコを吸うことを止めていただけないでしょうか)

などの表現は丁寧度がさらにグンと増します。以下で主な丁寧表現を紹介しましょう。下へ行くにしたがって、丁寧度がだんだんと強まります。

> (Please) open the door.
> Open the door, will you?
> Can't you open the door?
> Won't you open the door?
> Can you open the door?
> Will you open the door?
> Could you open the door?
> Would you open the door?
> Is it okay to open the door?
> Do you mind if you open the door?
> I wonder if you could open the door.
> I was wondering if you could open the door.
> Would you mind if you opened the door?
> Would it be all right if you could open the door?

実はまだまだこの続きがありますが、この辺で止めておきましょう。基本的に丁寧度を上げるには疑問文にして、相手に答える余地を残しておきます。また、仮定法過去の表現を用いて、助動詞や動詞の過去形を使うことで、相手との心理的な距離を取ることができ、より丁寧な表現になるというわけです。

# 第5章　アメリカ英語とイギリス英語のいろいろ比較

## 47. アメリカ英語とイギリス英語の名詞比較

　ここで、アメリカ英語とイギリス英語の名詞を比較してみたいと思います。なお、名詞に関しては、実に1,400種もの例を集めましたが、ここでは飲食物・料理関連語からほんの一部を紹介します。米語と英語の特徴が一目でわかりますよ。

表35：米語と英語の名詞比較

| 飲食物・料理関連語 | アメリカ英語 | イギリス英語 |
| --- | --- | --- |
| 1. ポテトチップス | (potato) chips | crisps |
| 2. フライドポテト | (French) fries | chips |
| 3. （皮ごと焼いた）ポテト | baked potato | jacket potato |
| 4. キャンディー | candy | sweets |
| 5. アイスキャンディー | Popsicle【商標】 | ice-lolly |
| 6. シャーベット | sherbet, water ice | sorbet |
| 7. プリン | (custard) pudding | creme caramel |
| 8. 綿菓子 | cotton candy, spun sugar | candy floss |
| 9. （中身が見える）菓子パイ | pie | tart |
| 10. ロールケーキ | jellyroll | Swiss roll |
| 11. なす | eggplant | aubergine |
| 12. オクラ | okra | ladies' fingers |
| 13. 挽き肉 | ground beef | mince |
| 14. 無脂肪牛乳 | nonfat milk | skimmed milk |
| 15. ミルク入りコーヒー | coffee with milk/cream | white coffee |
| 16. オレンジジュース | orange juice | orange squash |
| 17. 酒 | liquor | alcohol |
| 18. フライパン | frying pan | skillet |
| 19. 缶切り | can opener | tin opener |
| 20. ハンドミキサー | mixer | electric whisk |

私が中学生の頃に習った英語はアメリカ英語が主流だったように思います。たとえば、建物のフロア（階）をアメリカ式に first floor（1階）、second floor（2階）と習い、決してイギリス式の ground floor（1階）、first floor（2階）とは習いませんでしたが、一方で、自動車関連の用語であるボンネットやナンバープレートなどは英語で、bonnet, number plate と言い、米語では、hood, license plate と言うので面白いですね。

## 48. アメリカ英語とイギリス英語の発音比較

　私が中学生の頃に習った英語発音はイギリス式が主流だったように思います。たとえば、buy の過去形 bought を「ボート」のようにイギリス発音で習ったのですが、現在では「バート」のようにアメリカ発音で習うようです。また、cat や bag にある真ん中の母音「エァ」のような中間音はアメリカ発音ですが、イギリス式では「アー」と伸ばします。イギリス式と言っても、オーストラリアやニュージーランドも歴史上、イギリス連邦に属しているので自然とイギリス発音に似ていますし、アメリカ発音の「エァ」を極端に嫌う傾向があるようです。
　オーストラリア英語と言えば、「エィ」を「アィ」と発音するのが特に有名ですね。"Mom is going to Sydney today." の英文の最後の単語が「トゥダイ」、つまり "to die" と発音されるために、あたかも「お母さんは死ぬためにシドニーへ行くんだ」と言っているように聞こえるわけです。rain を Rhine（ドイツ・オランダを流れるライン川）のように発音するのはある意味で慣れが必要でしょうね。
　次に、r の入った発音です。たとえば、car や card などにある半母音 r は、アメリカ英語ではきちんと r 音を発音しますが、イギリス英語では r 音を発音しませんので、ある意味で日本人にとってはイギリス発音がやさしく感じられると思います。
　また、アメリカ英語で、better, bitter, butter といった単語の真ん中に破裂音 t が入った場合、発音は「弾音化」されます。破裂音 t が破裂しないのです。つまり「ベター」「ビター」「バター」ではなく、「ベラー」「ビ

ラー」「バラー」のように発音されます。

　さらに、アメリカ発音では、子音の中でも破裂音（p, b, t, d, k, g）は飲み込むように発音するため、特に語尾では聞こえないのですが、イギリス発音ではくっきりと発音しますので、日本人には聞き取りやすいと思われます。

　そこで、主なアメリカ発音とイギリス発音の違いを以下の一覧表にしてみました。ここでは、〔　〕の中に米音を先に、英音を次に記載し、具体的な単語を列挙してあります。また、最初の例①の can't で言うと[æ]がアメリカ発音で、[ɑː]がイギリス発音という意味です。

① can't[æ]/[ɑː] → after, answer, ask, back, class, fast, half, lack, last, past
② hot[ɑ]/[ɔ] → box, dock, fox, hop, lock, mop, not, pot, rock, shop, stop, top
③ car[ɑɚ]/[ɑː] → art, bark, card, cart, dark, far, heart, lark, mark, park, start
④ work[ɚː]/[əː] → bird, burn, first, girl, hurt, nurse, service, turn, word, world
⑤ care[eɚ]/[eə] → bare, care, chair, fair, fare, hair, pair, rare, share, stair, there
⑥ board[ɔɚ]/[ɔː] → core, course, court, door, four, more, pour, source, store, tore
⑦ hurry[ɚ]/[ʌ] → courage, currency, current, curry, hurry, nourish, worry
⑧ home[ou]/[əu] → ago, boat, coat, dome, joke, loan, over, poem, road, zone
⑨ Sunday[ei/ɪ] → Monday, Tuesday, Wednesday, Thursday, Friday, Saturday
⑩ tune[tuː]/[tʃuː] → attitude, institute, stew, student, tuba, tube, tune, tuna
⑪ due[duː/dʒuː] → dew, dual, due, duly, durable, duration, during, endure
⑫ assume[suː/ʃuː] → consume, ensue, presume, pursue, reassume, resume
⑬ direct[dərékt]/[dairékt] → director, diversity, globalization, organization
⑭ what[hwat]/[wat] → which, when, where, wheat, wheel, white, whale
⑮ better[béɾɚ]/[bétə] → bitter, butter, center, city, hitter, letter, party, setting
⑯ twenty[twéni]/[twénti] → enter, fifty, forty, painter, sixty, thirty, winter
⑰ cotton[kaʔn]/[kɔtn] → button, center, curtain, mountain, twenty, winter
⑱ -ary[æ]-ery[e]-ory[ɔ]/[ə] → category, customary, dictionary, necessary
⑲ mobile[il/əl/l]/[ail] → fertile, fragile, futile, hostile, missile, reptile, textile
⑳ hotel[hou]/[ou] → historic, historical, hotel

その他 → am<u>e</u>nity[é/íː], <u>a</u>pricot[ǽ/éi], A<u>s</u>ia[ʒ/ʃ], <u>a</u>te[éi/é], b<u>ee</u>n[í/íː],
Birmingham[hæ/ə], cl<u>er</u>k[ɚː/ɑː], d<u>a</u>ta[ɑː/éi], deb<u>ris</u>[ríː/ris], D<u>er</u>by[ɚː/ɑː],
<u>e</u>go[íː/é], <u>either</u>[íː/ái], <u>e</u>poch[íː/é], era<u>s</u>e[s/z], <u>e</u>thanol[é/íː], f<u>a</u>lcon[ǽ/ɔː],
figure[gj/g], h<u>er</u>b[-/h], h<u>ere</u>[íɚ/éə], h<u>e</u>ro[íː/íɚ], Hollyw<u>oo</u>d[u/ə], i<u>ssu</u>e[ʃ/sj],
m<u>ea</u>sure[éi/é], m<u>e</u>thyl[éθl/íːθail], Lanc<u>a</u>ster[æ/ə], l<u>ei</u>sure[íː/é], l<u>e</u>ver(age)[é/íː],
l<u>i</u>teral[te/t], n<u>either</u>[íː/ái], n<u>e</u>phew[f/v], n<u>ews</u>(paper)[uː/juː], Nottingham[hæ/ə],
Pari<u>s</u>ian[ʒ/zj], p<u>a</u>triot[éi/ǽ], p<u>oor</u>[úɚ/ɔː], pres<u>tig</u>ious[íː/í], pr<u>i</u>vacy[ái/í],
pr<u>o</u>cess[ɑ/əu], pr<u>o</u>gress[ɑ/óu], r<u>oute</u>[uː/áu], s<u>aint</u>[éi/é], <u>s</u>ch<u>e</u>dule[skéʤ/ʃédj],
spina<u>ch</u>[ʧ/ʤ], <u>s</u>quirrel[ɚ/í], sug<u>g</u>est[ʤ/gʤ], s<u>ure</u>[úɚ/ɔː], th<u>orough</u>[ɚːrou/ʌrə],
tom<u>a</u>to[éi/ɑː], v<u>e</u>ggie[i/iː], ver<u>s</u>ion[ʒ/ʃ], virt<u>u</u>e[ʧ/tj], z[zíː/zéd]

　日本人はとかく発音を気にしがちだと思いますが、米音であろうと英音であろうとあまり神経質になることはありません。現地で聞いていれば自然と慣れてきますし、通じなかったら聞き返されるので、言い直せばいいだけのことです。発音よりもむしろアクセント（語強勢）の方が重要になってきます。これは日本語に置き換えて考えてみれば容易に推測できるのではないでしょうか。

## *49.  アメリカ英語とイギリス英語のアクセント比較*

　私が中学生の頃に習った英語発音はイギリス英語が主流だったように思います。一方で、アメリカ英語が入り始めていたという記憶があります。たとえば、アクセントで言えばイギリス式に、piánist や magazíne のアクセントを第2音節や第3音節に置いて発音していましたが、今はアメリカ式にどちらも第1音節にアクセントを置いて発音します。どちらかと言うと、アメリカ式は単語の後方に第1アクセントを置きますが、イギリス英語では、第1音節に第1アクセント置いて発音する傾向が強いようです。
　アクセントと言っても、日本語は音の上下で区別しますが、英語は音の強弱で区別します。でも、音を強めると自然に音は上ずりますので、日本語と英語では根本的に違うとは言い切れないと考えれれています。

では、いくつかの例をあげてみましょう。

表36：英語・米語のアクセント比較

| アメリカ式 | イギリス式 |
|---|---|
| addréss | áddress |
| adúlt | ádult |
| café | cáfe |
| frústrated | frustráted |
| garáge | gárage |
| íce cream | ice créam |
| kilómeter | kílometer |
| múseum | muséum |
| píanist | piánist |
| príncess | princéss |
| résearch | reséarch |
| rómance | románce |
| upstáirs | úpstairs |
| wéekend | weekénd |

さらに、名詞か動詞を第1アクセント（語強勢）の位置で区別することができる便利な方法を教えましょう。それは「名前動後」です。名詞は2音節であれば、前（第1音節）にアクセントが来て、動詞には後ろ（第2音節）に来るというルールです。代表的なものを紹介しましょう。

abstract, accent, addict, attribute, comment, compact, concert, conduct, conflict, contract, contrast, convict, decrease, desert, digest, escort, export, impact, import, increase, insult, intercept, interchange, interdict, interlock, object, outreach, overdrive, overestimate, overflow, overhaul, overlap, overlay, overload, overlook, overpass, overprint, override, overrun, overseas, overstock, overtake, overtime, overturn, overuse, overweight, overwork, permit, present, produce, progress, protest, rebel, record, refund, subject, survey, suspect, transfer, undercharge, underdress, underestimate, underline, undershoot, upset【注：　　は両方可能】

最後に、イントネーションについても触れておきたいです。アメリカ英語の場合は、Yes / No 疑問文の文末を上昇調のイントネーションで読みますが、イギリス英語だと、文頭を高くして段々と下げていき、文末では下降調で読みます。つまり、Wh 疑問文と同じようなイントネーションで読むわけです。

## 50. アメリカ英語とイギリス英語の語彙・表現の比較

　名詞以外の語彙で、たとえば、形容詞や動詞、副詞、前置詞句、表現といったもので違いがあることはありますが、名詞に比べてその数は一段と少なくなります。

　私が中学生だった頃、イギリス英語独特の疑問文 "Have you a pen?" ではなく、アメリカ英語の "Do you have a pen?" を習いました。と言うことは、基本的に中学の英文法はアメリカ式で、発音がイギリス式であったように思います。それに、get の過去分詞形である got はイギリス英語ですが、gotten はアメリカ英語です。

　イギリス英語の口語では、二人称（あなた）に対して "Have you got a pen?" の表現もよく使います。答えるときは "Yes, I have." または "No, I haven't." になります。また、三人称（彼や彼女）に対して "Has s/he a car?" を使い、答えるときは "Yes, s/he has." または "No, s/he hasn't." を使います。助動詞 do/does を使わないんですね。

　また、前置詞句では、アメリカ英語で in the future や in the hospital などと言いますが、イギリス英語では定冠詞の the を省略します。それとアメリカ英語では like を前置詞（～のような）のみならず、接続詞（～のように）としても使いますが、"Like I said, this is important." をイギリス英語では like ではなく as を使って、"As I said, this is important." のように言います。

　英語はイギリスが発祥の地なのですが、その後アメリカに渡り、歴史の移り変わりとともにアメリカ流の英語になっていったのでしょうね。では、次ページの表 37 に米語と英語の主な語彙や表現の比較を載せます。

表37：米語と英語の語彙・表現比較

| 語彙・表現 | アメリカ英語 | イギリス英語 |
|---|---|---|
| 狂った | crazy | mad |
| 炭酸抜きの | noncarbonated | still |
| 腐る | go bad | go off |
| 復習する | review | revise |
| 列を作る | line up | queue (up) |
| 皿を洗う | do the dishes | wash up |
| 大学に通う | go to college | go to university |
| 〜に電話をかける | give 〜 a call | give 〜 a ring |
| 〜を迎えに行く | give 〜 a ride | give 〜 a lift |
| 早く〜する | get going/moving | get cracking/weaving |
| 徒歩で通学する | walk to school | go to school on foot |
| 入院して | in the hospital | in hospital |
| 将来において | in the future | in future |
| お腹一杯です。 | I'm full. | I'm stuffed. |
| 勘定をお願いします。 | Check, please. | The bill, please. |
| どうも。 | Thanks. | Cheers. / Ta. |
| いいですね。 | Sounds great. | Sounds lovely. |
| クリームや砂糖は？ | Cream and sugar? | Black or white? |
| メリークリスマス！ | Merry Christmas! | Happy Christmas! |
| すみません。 | Excuse me? | Sorry? |
| ナンセンスだ。くだらない。 | Nonsense. | Rubbish. |
| 何時ですか。 | What time do you have? | What is the time? |
| [二人称]車がありますか。 | Do you have a car? | Have you a car? |
| はい、そうです。 | Yes, I do. | Yes, I have. |
| [三人称]車がありますか。 | Does she have a car? | Has she a car? |
| はい、そうです。 | Yes, she does. | Yes, she has. |
| 「空き室あります」 | For Rent | For Let |

　言語（言葉）は水の流れと同じように、常に変化していくもので、米語や英語だけではなく、通じ合えるのであれば、日本式英語や中国式英語があっても認められるべきですね。

## 第6章　英語と日本語のおもしろ発見

### *51.　4文字言葉と四拍子の秘話*

　日本語にはデジカメやパソコンのように、カタカナ語には4文字に省略される言葉が多いと思います。デジカメの場合、「デジタル＋カメラ」のそれぞれ最初の2文字を取って「デジ＋カメ」のように合成されます。実際、カタカナ語辞典で調べてみると、実に多くの例語が見つかります。

　これがふと日本語のリズムの特徴である四拍子に関係しているのではないかと思うのです。英語の場合、「29. 語順の秘話（2）」で取り上げたように"○○ and ××"のパターンになるのですが、日本語では、長いカタカナ語を「○○××」といったように4文字に短縮するパターンになります。

　これは別にカタカナ語だけではなく、たとえば、私が毎日通勤で使っている名鉄電車の「めいてつ」がそうです。正式名称は「名古屋鉄道株式会社」ですが、それを「めいてつ」、「近畿日本鉄道」を「きんてつ」といったように4文字で呼んでいます。つまり、日本語は四拍子がリズム的に安定しているということです。

　さらに言えば、「四拍子＝二拍子×2」と考えられます。日本語は2音1組を基本とすることは「12. 英語らしい読み方（1）」で述べましたが、「2音×2」であっても日本語のリズムが生きています。そこで、「○○××」のパターンになっているカタカナ英語の例をいくつか挙げてみます。→ の後には正しい英語を示します。

　　アクセル→ accelerator / gas pedal　　アスパラ→ asparagus
　　アパート→ apartment　　アメフト→ American football
　　イメチェン→ image change　　イラスト→ illustration
　　インテリ→ intelligentsia　　イントロ→ introduction
　　インパネ→ interior panel　　インフラ→ infrastructure
　　インフル→ influenza　　インフレ→ inflation

いかがでしょうか。前ページの例では、「アメフト」のように「アメリカン・フットボール」の最初の2語ずつを取って4文字で表したものや、「アクセル」などのようにカタカナ語の最初の4文字だけを取ったものなど、2種類の構成パターンがあることがわかります。
　さて、四拍子は俳句や短歌にもあります。俳句は「5・7・5」で、短歌は「5・7・5・7・7」と言われますが、文字数、つまり音節数が5、または7であっても、リズムは四拍子なのです。たとえば、有名な小林一茶が読んだ俳句は「古池や　蛙飛び込む　水の音」ですね。音節数は確かに「5・7・5」ですが、自然な日本語で詠んでみてください。●の箇所は「休止」を意味します。普通は前の母音を伸ばし、2音1組でちょうど指揮棒を振るように四拍子を取りながら読みます。

　　ふる・いけ・やー・●●
　　●か・わず・とび・こむ
　　みず・のお・とー・●●

　このように、俳句は四拍子のリズムで構成されているのです。では、短歌はどうでしょうか。ここでは、『小倉百人一首』に収められている天智天皇の句を引用しましょう。皆さんがよく知っている「天の原　降りさけ見れば　春日なる　三笠の山に　出でし月かも」は「5・7・5・7・7」の音節数になっていますが、これを自然な日本語で詠んでみます。俳句と同様、2音を1組で詠みます。

　　あま・のは・らー・●●　（天の原）
　　ふり・さけ・みれ・ば●　（振りさけ見れば）
　　かす・がな・る●・●●　（春日なる）
　　みか・さの・やま・に●　（三笠の山に）
　　いで・し●・つき・かも　（出でし月かも）

　いかがでしょうか。実は、短歌も俳句と同じように四拍子でできている

ことがわかりますね。五七調や七五調であっても、すべて四拍子に当てはまります。『百人一首』は平安時代に藤原定家が百首の和歌を集めたものですが、日本語のリズムが四拍子を基調としていたことの証明でもあるのです。

　私は大学生になったらバイオリンが弾きたくてオーケストラ部に入りました。部活動の名前を「オケ部」と短縮して使っていましたが、演奏する曲名と作曲者名についても両者を合わせて呼んでいました。たとえば、ベートーベンが作曲した「第7交響曲」であれば「ベト7（しち）」で、ブラームス作曲の「第1交響曲」なら、「ブラ1（いち）」のように4文字熟語と同じようなリズムでした。日本人は日常生活において四拍子や4文字を大変好むことがわかりますね。

## 52. 同音異義語の秘話

　英語の授業で最初に覚えた同音異義語は see と sea や right と write だったと思います。ほんの少しつづりが違うだけで意味が大きく変わるのは英語だけではありません。

　米国の大学で漢字を教えていたとき、「大」・「太」・「犬」の違いを理解してもらうのには苦労しました。「大」と「太」は何とか説明できたのですが、「犬」が何とも不思議だったようです。点の位置が違うだけでこんなにも意味が変わってくるんだなあと日本人として意識したことがなかったからです。日本語を教えて初めて漢字の面白さを再発見したようでした。

　同音異義語は私が数年かけて辞書やサイトで調べて1,400以上のケースを見つけました。たとえば、right と write や wait と weight など、中学校でもよく習うものがあります。だいたいは1つの音に対して2単語がほとんどですが、中には5～6単語の同音異義語があります。次ページに頻度の高い同音意義語の代表例を A～Z 順に掲載しました。

　これに対して、日本語はどうでしょうか。英語のように同音異義語は多いのでしょうか。日本語の場合、英語と比べて同音異義語の数が桁外れに

1. aisle（通路） / I'll（=I will） / isle（小島）
2. bight（入り江） / bite（噛む） / byte（バイト）
3. c, C（アルファベット） / cee（Cの文字） / Cee（コカイン） / sea（海） / see（見える） / si（シの音）
4. do（ドの音） / doe（雌鹿） / Doe【名字】 / doh（ドの音） / dough（パン生地）
5. ex-（前の、元の） / Exe（エクス川） / x, X（アルファベット）
6. flew（flyの過去） / flu（インフルエンザ） / flue（煙道）
7. gene（遺伝子） / Gene【男の名】 / jean（ジーンズ） / Jean(ne)【女の名】
8. hi（やあ） / hie（急ぐ） / high（高い）
9. idle（怠惰な） / idol（偶像） / idyll（田園詩）
10. jink(s)（身をかわす） / jinx（ジンクス）
11. know(s)（知っている） / no(e)s（いいえ） / nose（鼻）
12. lessen（少なくする） / lesson（レッスン）
13. main（主要な） / Maine（メイン州） / mane（たてがみ）
14. none（誰一人〜ない） / nun（修道女）
15. oar（櫓） / or（または） / ore（鉱石）
16. pair（一対） / pare（皮をむく） / pear（西洋梨）
17. quart(s)（クォート） / quartz（水晶）
18. right（右） / rite（儀式） / wright（製作者） / Wright【名字】 / write（書く）
19. sew（縫う） / so（そのように） / sow（種を蒔く）
20. to（〜へ） / too（〜もまた） / two（2）
21. vain（無益な） / vane（風光計） / vein（静脈）
22. way（道路） / weigh（計量する） / wey（重さの単位）《英》
23. yoke（くびき） / yolk（卵黄）

多いのが特徴です。たとえば、「たいしょう」という日本語を電子辞書で調べてみると、「対象」「対照」「対称」「大将」「大正」「対症」「大勝」「大

賞」などいくつも出てきます。英語ではせいぜい2～3個の単語しか見つかりませんが、日本語はもともと発音の数そのものが少ないために、同音異義語がどうしても増えてしまうのは、ある意味で宿命と言わざるを得ません。

　たいていの熟語を電子辞書やパソコンなどに入力すれば、10種類以上の変換候補が出てきますので、正しい漢字を知っていないと間違った変換をすることになります。最近、メールで間違った漢字に変換して送ってくる人が増えているように感じます。難しい漢字よりも易しい漢字を間違う傾向があるようですので、気をつけたいですね。

　ここで、英語が日本語で何通りかの意味を持つ熟語"put on"を例にとって紹介しましょう。

表38：日本語と英語"put on"の違い

| 日本語 | | 英語 |
| --- | --- | --- |
| （ジャケット）を着る | put on | a jacket |
| （ネクタイ）を締める | | a tie |
| （眼鏡）をかける | | glasses |
| （靴・靴下）を履く | | shoes / socks |
| （帽子・かつら）を被る | | a cap / a wig |
| （イヤリング）を付ける | | earrings |
| （宝石）を身に付ける | | jewels/jewelry |
| （手袋）をはめる | | gloves |
| （化粧）をする | | makeup |
| （体重）が増える | | weight |

　この表のように、熟語"put on ～"は日本語では何と10通りの意味があって、欧米人が日本語を使う場合には大変混乱を招くようです。

　今度は逆に、日本語が英語で何通りかの意味を持っている例を紹介しましょう。日本語の熟語「～をかく」は、次ページの表39のように、英語では何と11通りもの意味があって、私たち日本人が英語を使う場合には注意が必要です。

表39：英語と日本語「かく」の違い

| 英　語 | 日本語 | |
|---|---|---|
| write (a letter) | 文字 | ～をかく |
| draw (a picture) | （線で）絵 | |
| paint (a picture) | （彩色で）絵 | |
| scratch (one's head) | 頭 | |
| humiliate (oneself) | 恥 | |
| sit (cross-legged) | あぐら | |
| be going to cry | べそ | |
| break into a cold sweat | 冷や汗 | |
| counterplot | 裏 | |
| neglect, lack, fail in | 事 | |
| fail in one's social duties | 義理 | |

　次に、同綴同音異義語の話をしましょう。これまで同音異義語について紹介してきましたが、綴り字が同じで、かつ発音が同じ（これは当然ですが）で意味が違うペア、つまり1つの単語でまったく異なる意味をもつ場合を考えてみましょう。中学校の英語ですと、「野球のバット」と「こうもり」の意味をもつ bat や「土手」と「銀行」の意味を併せ持つ bank、それに「耐える」と「熊」の両方の意味がもつ bear があげられます。高校英語では、「元気な」と「罰金」の fine や「手」と「（時計の）針」を表す hand、それに「贈り物」と「出席している」の2つの意味をもつ present が思い出されます。

　考えてみると1つの単語がこれほどかけ離れた意味を持つというのは不思議な感じがしますね。英語史が変遷するなかで、おそらく単語に異なった意味を持たせる必要が生まれたことが理由なのでしょう。英語で bad は「悪い」と習いますが、場面や状況によって「格好いい」という意味があると英和辞典には載っています。最近、日本の若者が使っている「やばい」とか「普通」と似ていると思いませんか。

　そう言えば、近頃アメリカで「やばい」と同じような意味をもつ英単語に sick が使われるようになりました。最近流行りの cool にも「格好いい」

がありますね。それに、"Shut up." は「うそ、へえー、驚いたな」の意味で使うことがありますが、これは "Oh, come on. Get out of here." や "No, I don't believe it." とよく似た表現です。

### 53. 日本語式の読み方の秘話

　以前、NHK を初めとして多くのラジオやテレビの放送局が「臓器移植法」の発音を間違えていました。もともとは「臓器移植」に「法」が付いたわけですから、「ぞうきいしょく」は〔低高高高低低〕のアクセントですが、「法」が後続した「ぞうきいしょくほう」は〔低低〕から〔高高〕にアクセントの位置が変わります。

　ところが、NHK のアナウンサーは「ぞうきいしょくほう」〔低高高高高高・高〕ではなく、「ぞうき・いしょくほう〔高低低・低高高高〕」のように発音していました。日本語では、後続する単語があれば、〔高低低〕から〔低高高〕にアクセントが変化します。また、「いしょくほう」は〔低高高高〕ですが、「ぞうき」がある場合、〔高高高高〕になります。下記で、正しいアクセント（下線部は「低」の意味）の位置を確認しましょう。

　　臓器（ぞ<u>うき</u>）→ 高低低
　　移植法（<u>い</u>しょくほう）→ 低高高高
　　臓器移植（ぞ<u>うきいしょく</u>）→ 低高高高低低
　　臓器移植法（ぞ<u>うきいしょく</u>・ほう）→ 低高高高高高・高

　日本語のアクセントに関しては、NHK 出版から『NHK 日本語発音アクセント辞典』が出されていますので、そちらでアクセントの位置を確認できますが、この話は以前、私が所属していた日本語教育研究所の研究会で知り合った元 NHK アナウンサーの高橋清之氏から直接教えていただいたことです。高橋（2006）でも紹介されていますので、ぜひともそちらを参照してください。

　日本語は「単語」と「単語＋単語」ではアクセントの位置が変わること

が多い言語で、これが中国人留学生にとって大変難しいみたいです。私のゼミ生は担任である私のことを「各務先生」と言うときと「各務ゼミナール」と言うときではアクセントが異なることを意識していませんし、そもそも違いがあることすら気づいていません。そのため、「各務ゼミナール」の最初の部分を「か<u>がみ</u>〔高低低〕」、「ゼミ<u>ナール</u>」を〔低高高低低〕と発音しますので、両方を合体すると「か<u>がみ</u>・ゼミ<u>ナール</u>」〔高低低・低高高低低〕という発音になります。でも、正しいアクセントは「<u>か</u>がみ・ゼミ<u>ナール</u>」〔低高高・高高高低低〕なのです。私は目の前で聞いていて非常に違和感を覚えるので、学生が間違えるたびに指摘をするのですが、一向に直りません。それほど日本語のアクセントの習得は難しいと言えます。

　私のゼミの留学生は自国の中国料理についても、「ちゅ<u>うごく</u>・りょ<u>う</u>り」のアクセントを〔高低低低・高低低〕と読みます。本当は「<u>ちゅうご</u>く・りょ<u>う</u>り」〔低高高高・高低低〕なのですが、日本の滞在期間が4～5年であっても正しいアクセントを身につけている学生はごく少数です。これは英語の「アクセント・シフト」について理解している日本人の英語学習が少ないことと同じだとも言えます。

### *54. 身の周りに氾濫する間違い英語表示の秘話*

　ここでは私が過去数年間で集めた身の周りにある間違い英語スペリング表示を紹介します。人間はミスをすることはよくありますが、次ページの表40の間違い例は印刷する前に辞書等で確認をしさえすれば、ミスは防ぐことができたのではないかと思えるものばかりです。

　この間違い例のうちで、日本人にとってLとRの間違いが多いことは十分あり得ると思いますが、情報を表すINFORMATIONSだけはいただけません。複数形は絶対にあり得ないからです。

　それにしても、これらをなぜわざわざ英語で表記しないといけないのでしょうか。日本人に向けて伝えるのであれば、日本語で十分ですし、英語に直した途端、つづり字のミスを犯すのであれば、最初から英語にしなけ

ればいいだけの話ですよね。

表40：綴り字ミスの例

| 状況・場面 | 伝えたい内容 | 原文の英語 | 正しい綴り |
|---|---|---|---|
| レストランのメニュー | カプチーノ | capccino | cappuccino |
| レストランのメニュー | カフェ・オレ | café au let | café au lait |
| レストランのメニュー | チキン | chiken | chicken |
| レストランのメニュー | ジュース | juise | juice |
| 商品の包み | バターソース | Butter Source | Butter Sauce |
| 新聞折り込みチラシ | 選択 | choise | choice |
| 新聞折り込みチラシ | エステ | esuthe | esthete |
| 新聞折り込みチラシ | こんにちは ランチ | Gooday! Lunchi | Good day! Lunch |
| 新聞折り込みチラシ | 価格 | PLICE | PRICE |
| 新聞折り込みチラシ | スタジオ | SUTUDIO | STUDIO |
| 新聞折り込みチラシ | 新しいブランド品 | NEW BLAND | NEW BRANDS |
| 大学祭パンフレット | ブラスバンド | BLASSBAND | BRASSBAND |
| ホテルの部屋案内 | すぐに | immediatery | immediately |
| ホテルの部屋案内 | ご案内 | INFORMATIONS | INFORMATION |
| ホテルの部屋案内 | サービス | servises | services |
| 喫茶店の看板 | 蜂鳥 | HAMINGBIRD | HUMMINGBIRD |
| 喫茶店の看板 | 喫茶店 | COFFEE HOUS | COFFEE HOUSE |
| 料理店の看板 | 竜 | Dragone | Dragon |

　上の例は私の身の周りにあったものを収集したものですから、恐らく全国には何千、あるいは何万という誤りの英語表記があるはずです。会社だけではなく、市や県などの公共の施設にある看板にも誤り表記はたくさんあります。もっとも公にする前に、なぜダブルチェックをしなかったのかと思うと残念でなりません。

　次は、単語の意味を間違った語彙（意味）のミスの例です。スペリングのミスはよくあることでしょうが、語彙の選択ミスをすると意味がまったく通じなくなってしまうので、事前にネイティヴ・スピーカーなどに直接確認するなどして、十分に注意を払っておいてから表示した方がよいと思

います。

表41：語彙（意味）ミスの例

| 状況・場面 | 表示内容 | 原文の英語 | 原文の意味 |
|---|---|---|---|
| 商品の包み | サンドロール | Sand Roll | 砂巻き？ |
| 商品の包み | メロンパン | Melon Pan | メロンでできたフライパン？ |
| 商品の包み | おしぼり | Let's clean up your hands. | みんなであなたの手を掃除しましょう？ |
| 折り込みチラシ | 営業時間 | AM11:00〜PM14:30 | 11午前〜2:30午後？ |
| 折り込みチラシ | 豊かな住まい造り | MORE LIVING | もっと暮らしを？ |
| 折り込みチラシ | 近日開店 | Grand Open! | 壮大な 開いた？ |
| 折り込みチラシ | 自動車学校 | Drivers' School | 運転手たちの学校？ |
| 清掃会社名 | 清掃車 | GREEN HAND | 緑の手？ |
| 店の看板 | 美容室 | MAKE | 製造？ |
| 店の看板 | ブランド品店 | FIT HOUSE | 元気な家？ |
| 店の看板 | 靴屋 | FOOT PARK | 足の公園？ |
| 店の看板 | 食料雑貨店 | MAG FOODS | 雑誌の食料品？ |
| 店の看板 | 男性衣服店 | SUIT SELECT 21 | スーツ、選べ 21？ |
| 店の看板 | 中古本店 | BOOK OFF | 勤務時間まで仕事をしていたことを報告する？ |
| 店の看板 | リサイクル店 | HARD OFF | 固く、離れて？ |
| 店の看板 | リサイクル店 | HOBBY OFF | 趣味、離れて？ |
| 店の看板 | リサイクル店 | BRAND OFF | ブランド、離れて？ |
| 店の看板 | 中古カー用品店 | UP GARAGE | ガレージを上げて？ |
| 店の看板 | バイク用品店 | DRIVER STAND | 運転手乗り場？ |
| 店の看板 | 又のご来店をお待しています | We will wait for the next coming to a store. | どの店でも次の来店を必ずお待ちします？ |
| ホテル案内ガイド | 避難する時は | When criticized, | 非難される時は？ |
| ホテル部屋のドア | 起こさないで | PRIVACY PLEASE | プライバシーをお願い？ |

　上の表41の中で思わず苦笑してしまったのは、最後から2番目の「避難」の英語を「非難」と漢字を間違って変換して意味を取り違えていた例

139

です。正しい単語は evacuate です。criticize の意味を辞書で確認すればミスは未然に防げたのではないでしょうか。実を言うと、これは岐阜県飛騨地方にある日本三大名湯の一つである有名な下呂温泉のホテルの館内案内本に載っていた避難方法を英訳したものです。他にも多くの意味不明な英語表記があり、これほど有名なホテルでも英語訳についてはいい加減なんだなあと思ったものです。

　あと一つは、最後から３番目にある最近私が見つけた近所のスーパーの表示です。英文 "We will wait for the next coming to a store." と書いてあって、日本語がその上に「またのご来店をお待ちしております」とありました。わざわざ英語で書かないといけないのかな、と思って英語を見てみると、不定冠詞の "a" がついているではありませんか。これだとこの店でなくても「どの店」でも店であればどこでもよいことになってしまいます。正しくは、定冠詞をつけた the store か our store です。他の店ではなく、この店だけに来てほしいわけですから、定冠詞の the か our でないと意味をなしません。と言うか、英語ではこんな言い方はしません。英語では "We're looking forward to you(your) coming to our store again." が自然な表現で、「待つ」は wait ではなく、look forward を使うところに積極性が表れていて英語らしいのです。

　さらに紹介したいのは文法的な間違いの例です。最近、私が足を運ぶ名古屋市にあるボウリング場に掛っている垂れ幕に "Let's BOWLING!" があります。これは明らかに文法ミスで、let's の後には原形の動詞が来なければいけません。正しくは "Let's bowl." か "Let's play bowls." ですが、ボウリング場の受付で指摘しようかどうか迷っています。また、三重県にあるプール付きの遊園地の新聞チラシに "Smile Summer" と書いてありました。「夏に微笑む」とでも言いたいのでしょうが、これでは文法的に通じません。

　最後に、日本で一番多い英語の文法ミスを紹介します。それは、時刻の表記です。"AM10:00〜PM11:00" は絶対に止めてほしいのです。日本語で「午前 10 時〜午後 11 時」と同じだと信じているようですが、正しくは "10AM〜11PM" です。AM と PM の位置が反対です。また、時刻と一

緒に"Open AM10, Close PM11"と看板に書いてありますが、閉店を意味する"Close"はこのまま使用すれば命令文のように「閉店しろ」という意味になるので、"Closed"と受動態（受身形）にしなくてはなりません。

いずれにしても、日本でなぜ日本人向けに間違った英語で知らせるのかが理解できません。日本語で十分ですし、英語を使うのであれば、正しい英語を使ってほしいと願うばかりです。

## 55. 英語は正確で日本語は曖昧なの？

とかく英語は正確であるけれど、日本語は曖昧であると言われます。正確というのは、恐らく欧米人が自分の意見をはっきりと述べるということであり、日本人はあまり自分の意見を言わない、あるいは遠慮するということを示唆していると思われます。

確かに、欧米人は自己主張が強く、日本人が謙虚で控えめであるということをよく聞きますが、実際に欧米人はビジネスの場面や日常の場面において、明確に自分の主張をするのでしょうか。

ここに、あるスキー場（Snowbird）が何時に開園するのか話し合っている場面で、それぞれが反対意見を出しています。

A: I think that Snowbird opens at eight every morning.
　（スノーバードは毎朝8時に開くと思うよ）
B1: No, You are wrong. They open at nine.
　（いいえ、あなたは間違っている。9時に開くさ）
B2: That could be true, but we should call to confirm that.
　（それが本当かもしれないけれど、電話をして確かめた方がいいな）
B3: You may be right, however let's call just in case.
　（正しいかもしれないけれど、万が一のことを考えて電話しよう）

さあ、ネイティヴ・スピーカーはどれを選択するのでしょうか。日本人

からすれば B1 のようなストレートな言い方をすると考えがちでしょうが、実は B2 や B3 の言い方を選択するのです。いくら正しくとも、相手に対してけんか腰の言い方を好んで使いません。

　また、少々きつい反対意見を言われた場合、それに対してはグッと我慢して「そういう考え方があるんですね、ありがとうございます」とまるで日本人が言うような丁寧な言葉遣いをします。それに、都合が悪くなって断らなければいけない場合、とかく日本人は「忙しいくなったので、行けなくなりました」と理由を言う傾向が強いと思いますが、欧米人はきちんとした理由を述べます。それが相手を敬うことだと考えているからです。

A: If you don't mind, I'd like you to spend a few extra hours so that we can finish this project?
（もしよかったら、あと数時間使ってこのプロジェクトを完成させませんか）

B1: I'm sorry, but I have things to do tonight. I'm sorry.
（すみませんが、今夜することがあるんです。すみません）

B2: I'm sorry. I wish I could. But I have to pick up my wife at the station tonight.
（すみません。できたらいいんですが、今夜妻を駅に迎えに行かなければならないのです）

　言われた方は、どちらの表現が丁寧だと感じるでしょうか。明確な理由を述べた方ですよね。つまり、明確な言い方というのは、自己主張をするという意味ではなく、相手が納得できるような表現を使うということで、日本人が使う曖昧な表現を避けるということです。その意味では、日本語以上に相手を思いやるのは英語の方かもしれませんね。

　また、外国から来た人々が一様に、日本人のサービス精神には感心されられると言いますが、欧米と日本でサービスについての考え方が大きく異なっていると思われます。たとえば、コンビニで買い物をするとしましょう。この時、店員はどの客に対してもマニュアルに沿って丁寧な言葉と態

度で接します。それが日本流のサービス精神です。

　一方、欧米ではマニュアルに沿うというのではなく、自分の家族のことを紹介して客に対してフレンドリー（親しみやすい）に接します。これが欧米流のサービス精神です。日本のコンビニで店員が自分の家族のことを話し出したら、「この人、ちょっと変じゃないの？」と思ってしまいそうですが、欧米ではこれが日常茶飯事です。

　今でも思い出すことがあります。私が米国に留学して1カ月ほど経ってから、遊園地に行ったときのことです。タクシーに乗ると、なんとその運転手は煙草を吸い始めました。それだけではなく、「1本、どうですか」と勧めたのです。また、行き先が遊園地だとわかると運転手は「ちょうど新聞にクーポン（割引）券があるから、これあげるよ」と言ってくれました。クーポン券のお陰で遊園地には少し安く入ることができました。アメリカ人はなんて気さくなんだろうと思ったほどです。これが欧米流のサービス精神です。

　これらの体験を通じて、欧米文化と日本文化では目線が違うのではないかと考えるようになりました。欧米では、上司と部下、教師と学生、あるいは店員と客がほとんど同じところを見ていて、立場が対等であるかのようで、ヨコ社会と言われる所以ですね。

　反対に、日本では、上下意識が強く立場は違うので、上の立場の相手を立てたり、目上の相手に対して敬語などの丁寧な言葉遣いが求められます。タテ社会と言われる所以です。欧米では、上下意識が低く、対等意識が強いので、英語は大統領も一般人も基本的には同じです。

　この点、英語は話す相手の年齢や職業などを考えずに対等に使うことができるので、ストレスはあまり溜まらないと思われます。一方、日本語は常に相手のことを考慮に入れ、言葉を選びながら話をしなければいけないので、ストレスが溜まるのではないでしょうか。

　韓国・朝鮮語は敬語体系が日本語よりも複雑で、相手の身分から言葉を7段階くらいに使い分けないといけないので、大変面倒だと韓国人留学生から聞いたことがあります。日本語や韓国・朝鮮語の敬語体系と自殺率とは無関係ではないように思えます。

言語は文化に根差しているからこそ、その言語の背景を考えることが異文化を理解することにつながっているのだと思います。「言語＜文化」であって「言語＞文化」ではないことを再認識しておきたいですね。

　これで英語の「なぜ？」を解き明かす 55 の秘話は終わりです。いかがでしたでしょうか。英語の「楽」習をしているとまさに "Time flies fast." で、時の過ぎるのをついつい忘れてしまいますよね。
　最後に、私がお気に入りの Samuel Ullman が残した有名な英詩 "Youth（青春）" をここで紹介して、ペンを置きたいと思います。この英詩の中にあるいくつかの下線部の対比に注意しながら、英詩をじっくり味わってみてください。これは 10 年以上も前に教えたある学生さんから紹介してもらった英詩で、「人間は目標や夢を失くした時が最期であり、決して年齢で老いが決まるのではない」と謳っています。私は「80 歳で若くして死す」という最後の部分が特に気に入っています。いくつになっても英語学習に対する情熱は失いたくありませんよね。

"Youth（Samuel Ullman）"<br>「青春（作：サミュエル・ウルマン）」

　Youth is <u>not a time of life</u>; it is <u>a state of mind</u>; it is not <u>a matter of rosy cheeks</u>, red lips and supple knees; it is <u>a matter of the will</u>, a quality of the imagination, a vigor of the emotions; it is the freshness of the deep springs of life.

　Youth means a temperamental predominance of <u>courage over timidity</u> of the appetite, for <u>adventure over the love of ease</u>. This often exists in <u>a man of sixty</u> more than <u>a boy of twenty</u>. Nobody grows old merely <u>by a number of years</u>. We grow old <u>by deserting our ideals</u>.

　Years may <u>wrinkle the skin</u>, but to give up enthusiasm <u>wrinkles the soul</u>. Worry, fear, self-distrust bows the heart and turns the spirit back to dust.

Whether sixty or sixteen, there is in every human being's heart the lure of wonder, the unfailing childlike appetite of what's next, and the joy of the game of living. In the center of your heart and my heart there is a wireless station; so long as it receivers messages of beauty, hope, cheer, courage and power from men and from the Infinite, so long are you young.

When the aerials are down, and your spirit is covered with snows of cynicism and the ice of pessimism, then you are grown old, even at twenty, but as long as your aerials are up, to catch the waves of optimism, there is hope you may die young at eighty.

　青春とは、人生のあるひとときではなく、心のありようを言います。薔薇色の頬、紅の唇、しなやかな膝を言うのではありません。強い意志、豊かな想像力、燃える情熱を言います。青春とは、生命の深い泉から湧き出る溌剌さを言います。

　青春とは、臆病に打ち勝つ勇気、安易に流れない果敢な冒険心を意味します。青春は時として20歳の青年よりも、60歳の人に存在します。誰でも歳月を重ねるだけで老いるのではありません。理想を失ったとき、初めて人は老いるのです。

　歳月は、皮膚にしわを刻みますが、情熱を失ったとき魂は枯れます。不安、恐怖、失望が気力をなくさせ、精神は塵と化すのです。

　60歳であろうと16歳であろうと、人の心の中には未知のもの魅かれ、次に何が起きるのかと目を輝かせる幼い子どものような旺盛な好奇心や生きることを楽しむ喜びを持っているのです。誰でも心の真ん中に無垢の魂を宿しているのです。そして、その魂が人々から、無限者（神）から、美、希望、激励、勇気、力を授かる限り、若くあり続けるのです。

　人は霊感が絶え、精神が皮肉の雪と悲嘆の氷に覆われるとき、たとえ20歳でも老いるのです。しかし、志を高く持ち、希望に満ちた波をとらえることができるならば、たとえ80歳であろうとも、若いまま生涯を終えることでしょう。（筆者試訳）

# おわりに

　英語の「なぜ?」を解き明かす55の秘話はいかがでしたでしょうか。今回、この改訂版を出すにあたって、まずは特に要望の多かった文字を大きくすること、誤字・脱字を修正し、さらに1ページ当たりの文字数と行数を減らして読みやすくすること、そしてもう一度、私自身が最初から英語を学習するとしたら、こんな英語の授業を受けてみたいなあという強い思いを込めて、改訂前の本よりもさらに5篇を追加して55の秘話にすることを目指しました。
　これまでの英語学習を振り返ってみると、教室では英語の単語や文法をただ丸暗記すればいい、といった指導法がいかに無謀であり、生徒を苦しめることになっているのか、その原因が突き止められたように思います。英語は決して「暗記力＝英語力」ではありません。そればかりか、どちらかと言えば、むしろ「日本語力＝英語力」ではないかと思えてきます。基礎の日本語の力があってこそ、外国語である英語が身に付くのではないでしょうか。だって、母語である日本語以上に外国語である英語が身に付くはずはありませんから。
　その点で、大津（2000）の「ことばの気づき」という視点は、私たちに言葉について非常に大切なことに気づかせてくれると思います。「読書」という言葉が英語の語順と一緒であって、決して「書読」では意味をなさないという例示は、日本語学習を通して英語に語順というものが大切であることを気づかせてくれるのです。
　私自身は、中学生だった頃、英語の基本はまず「語順」を覚えることだと習いましたし、そう信じていました。常に語順を意識しながら、日本文を英文に訳し、それを繰り返し発音するといった訓練をしていました。もちろん、それは英語の土台が文法ということで基本中の基本だと言えます。
　しかし、欧米人が英語を話したり、書いたりするように、日本人も英語を使うことができるようになれないのはなぜだろうか、と私はずっと疑問を抱いていました。いくら役に立つ便利な表現を覚えても、それを使える

機会はめったになかったのでした。それに英語の会話文を暗記すれば、自動的に英語が口から出てくるのではありません。日頃練習する英会話に出てくるような場面はほとんどないのです。帰国子女でない多くの日本人にとって、まずは日本語で思考したことをたとえゆっくりでも英語に表現し直すことができるようになることが必要だと思います。

　ところが、あるとき英語がスムーズに出ているような錯覚を覚えました。それは暗記した表現を使っていたのではなく、自分なりに英語で考えたことを英語の強弱リズムに乗せて言っているときでした。たとえ思うような単語が浮かばなくても、その単語に近い意味の単語を使ったり、それを別な単語や表現に言い換えて説明したりすると相手は私の英語を理解してくれました。そうしているうちに英語を今自分が話している感覚がだんだんとなくなっていくことに気づきました。たとえ英語で３～４時間話していてもほんの10分しかたっていないような感覚でした。やはり言語は違っていても相手に通じていれば何の言語を話しているかどうかは関係ないんだと実感した瞬間なのでした。

　多くの日本人にとって英語は第２外国語です。日本で生活していれば、日本語のように英語を身につけることは不可能ですし、欧米人が話す英語を身につける必要もありません。それに、将来英語がずっと「世界語」であるとも限りません。ただ、英語「楽」習を通じて、日本語がどんな言語であるのかが客観的に理解できることは素晴らしいことだと思います。日本語を「ソト」から見ることでこれまで見られなかった「ウチ」が見えてくる。それが文化的な側面だと思いますし、言語学習を通して異文化理解をすることにつながっていくのだと言えます。今後、お互いの言語を理解し合い、またお互いの文化を理解し合うことで、私たちの住む世界が平和になりますようにと祈るばかりです。

　今回、改訂版を出版するにあたって株式会社三恵社の片岡真里さんには大変お世話になりました。ここに厚くお礼を申しあげます。また、これまで私の英語の授業を受講した学生さんが投げかけてくれた英語に関する素朴な疑問がなければ本書は生まれて来なかったと思います。改めてここに心より感謝申しあげます。

最後に、昨年 1 月に他界した母・良子に本書を捧げたいと思います。

2015 年 12 月

各務　行雅

≪参考文献≫

天沼寧・大坪一夫・水谷修（1978）『日本語音声学』くろしお出版．
安藤賢一（1996）『演習英語音声学』成美堂．
荒木博之（1986）『日本人の英語感覚』PHP 研究所．
東　照二（1994）『丁寧な英語・失礼な英語』研究社出版．
別宮貞徳（1977）『日本語のリズム』講談社．
British vs American Vocabulary http://www.rondely.com/zakkaya/irir/chgai1.htm
British vs American Spelling　http://www.rondely.com/zakkaya/irir/chgai2.htm
ちょんまげ英語塾　http://mage8.com/tango/column9.html
David Crystal（1988）*The English Language.* Penguin Books.
David Crystal（1994）『クリスタル：英語史入門』金星堂．
デイヴィッド・クリスタル（2004）『消滅する言語』中央公論新社．
Dennis James Le Boeuf, Liming Jing（2006）『ネイティブでも間違える英語表現 A−Z』語研．
Dileri Borunda Johnston（2006）*Speak American* NHK 出版．
藤澤慶巳・Keven Glenz（2006）『TOEIC®テストこれだけ！ 総合対策 860 点突破！』あさ出版．
Gerald Kelly（2000）*How to Teach Pronunciation.* Pearson Education Limited.
橋本功（2005）『英語史入門』慶應義塾大学出版会．
畠山雄二[編]（2012）『くらべてわかる英文法』くろしお出版．
羽藤由美（2006）『英語を学ぶ人・教える人のために』世界思想社．
服部範子（2012）『入門英語音声学』研究社．
服部義弘[編]（2012）『朝倉日英対照言語学シリーズ 2　音声学』朝倉書店．
Helen Davies（1996）『絵で見る辞典［図解］英語入門』洋販．
本名信行[編]（2005）『異文化理解とコミュニケーション 1〔第 2 版〕』三修社．
堀口俊一[監]（1989）『現代英語音声学』英潮社新社．
稲葉剛（2008）『英語のおさらい』自由国民社．

ジュミック今井（2006）『あたりまえだけどなかなかできない英語発音のルール』明日香出版社.
各務行雅（1997）『どうしてそんな英語使うの？』研究社出版.
各務行雅（2001）「「英語らしい英語」を身につける音声指導のあり方」『中部地区英語教育学会紀要 30』中部地区英語教育学会，pp. 303-308.
各務行雅（2004）「無強勢音節を意識した英語リズム指導の一考察」『中部地区英語教育学会紀要 33』中部地区英語教育学会，pp. 201-206.
各務行雅（2006）「Ⅰ章 理論編－4 英語コミュニケーションと音声指導」『英語コミュニケーション活動と人間形成』犬塚章夫・三浦孝[編] 成美堂，pp. 37-52.
各務行雅（2010）「強勢拍リズムを重視した英語音声指導の一考察」『愛知産業大学経営学部紀要第 16 号』愛知産業大学経営研究所，pp. 37-52.
各務行雅（2011）「日本に氾濫する間違い英語表記」『愛産大経営論叢第 14 号』愛知産業大学経営研究所，pp. 35-48.
各務行雅（2013）「英語教師に求められる英語音声指導」『愛産大経営論叢第 16 号』愛知産業大学経営研究所，pp. 1-10.
兼弘正雄（1989）『英語音声学』山口書店.
蒲谷宏・金東奎・髙木美嘉（2009）『敬語表現ハンドブック』大修館書店.
亀田尚己（2012）『英語ができるのになぜ通じないのか』日本経済新聞出版社.
金坂慶子（2011）『イギリス英語パーフェクトリファレンス 3000』国際語学社.
カール・R・トゥーヒグ（2001）『イギリス英語 Total Book』ベレ出版.
講談社インターナショナル編（2008）『これを英語で言えますか？ デラックス』講談社.
児馬修（1996）『ファンダメンタル英語史』ひつじ書房.
井上一馬（2010）『英語脳はすでにあなたの頭にある!』大修館書店.
今井隆夫（2010）『イメージで捉える感覚英文法』開拓社.
イ・ジョンミン（2010）『ドーナツ半分は単数形？ 複数形？』講談社インターナショナル.

石井隆之・喜多尊史[他]（2009）『日英おもしろ比較文化』朝日出版社．
Martin Hewings & Sharon Goldstein（1998.）*"Pronunciation Plus: Practice through Interaction."* Cambridge University Press.
松本青也（1994）『日米文化の特質』研究社出版．
本村凌二（2012）『ローマ人に学ぶ』集英社．
成田圭市（2009）『英語の綴りと発音—「混沌」へのアプローチ』三恵社．
成瀬由紀雄（2010）「日本語は四拍子、英語は三拍子」『ことのは道中記』http://japanenglish.jp/column/%E6%97%A5%E6%9C%AC%E8%AA%9E%E3%81%AF%E5%9B%9B%E6%8B%8D%E5%AD%90%E3%80%81%E8%8B%B1%E8%AA%9E%E3%81%AF%E4%B8%89%E6%8B%8D%E5%AD%90.html．
日本漢字教育振興会[編]（2006）『漢字必携1級』（財）日本漢字能力検定協会．
窪薗晴夫（2006）『アクセントの法則』岩波書店．
窪薗晴夫（2002）『新語はこうして作られる』岩波書店．
大名力（2014）『英語の文字・綴り・発音のしくみ』研究社．
大西泰斗・ポール・マクベイ（2011）『一億人の英文法』ナガセ．
大津由紀雄（2000）『ことばの気づき』慶應義塾大学出版会．
佐藤誠司（2013a）「大学入試問題を文法指導にどう活かすか　第14回　関係詞(2)」『英語教育』5月号，大修館書店，pp. 46-47．
佐藤誠司（2013b）「大学入試問題を文法指導にどう活かすか　第17回　受動態(1)」『英語教育』8月号，大修館書店，pp. 46-47．
関正生（2014）『世界一わかりやすいTOEIC®テストの授業〔Part 5 & 6 文法〕』中経出版．
清水建二（2003）『語源とイラストで一気に覚える英単語』明日香出版．
清水建二（2004）『HYPER 語源とイラストで一気に覚える英単語』明日香出版．
清水建二（2008）『パーフェクトBOOK 語源とイラストで一気に覚える英単語』明日香出版．
高橋清之（2006）『日本語の作法』新風舎．

多岐川恵理（2011）『暮らしてわかった！リアル American English』語研．
田中茂範（2008）『文法がわかれば英語はわかる！』NHK 出版．
田中伸一（2009）『日常言語に潜む音法則の世界』開拓社．
手島良（2006）『英語の発音・ルールブック』NHK 出版．
寺沢盾（2008）『英語の歴史』中央公論新社．
Trask R. L.（2010）*"Why Do Languages Change?"* Cambridge University Press.
Twohig R. Karl.（2001）*"British English Total Book"* ベレ出版．
植田一三（2012）『英検 1 級　100 時間大特訓』ベレ出版．
植田一三（2012）『英検準 1 級　100 時間大特訓』ベレ出版．
鷲津名都江（1992）『わらべうたとナーサリー・ライム』晩聲社．
渡辺和幸・大坂四郎（2000）『リズム中心の英語発音』鷹書房弓プレス．
山田善郎（1979）『NHK スペイン語入門（第 2 版）』日本放送出版協会．
山口仲美（2006）『日本語の歴史』岩波書店．
安田一郎（1970）『NHK 続基礎英語　英語の文型と文法』日本放送出版協会．
山内信幸・北林利治（2014）『現代英語学へのアプローチ』英宝社．

≪中学校英語教科書≫
笠原準一[他]（2012）*"New Horizon English Course"* 東京書籍．
松畑熙一[監修]（2012）*"Sunshine English"* 開隆堂．
松本茂[他]（2012）*"ONE WORLD English Course"* 教育出版．
高橋貞雄[他]（2012）*"New Crown English Series New Edition"* 三省堂．
東後勝明[他]（2012）*"Columbus 21 English Course"* 光村図書．
矢田裕士[代表]（2012）*"TOTAL ENGLISH"* 学研図書．

## 著者紹介

**各務　行雅**（かがみ　ゆきまさ）

1960年岐阜県多治見市笠原町生まれ。名古屋市緑区在住。国立岐阜大学教育学部卒業。米国オクラホマ・シティー大学大学院（英語教授法）修士課程修了。米国（州立）オクラホマ大学大学院（教育工学）博士課程中退。オクラホマ・シティー大学人文科学部現代語（日本語）学科助教授を経て、現在、愛知産業大学経営学部総合経営学科准教授。国際交流委員長。ボウリング・ラグビー同好会顧問。愛知県岡崎市国際交流協会理事。

専門：英語音声教育、英語教育

著書：『アメリカ留学に夢を求めて』近代文藝社（1995）
『どうしてそんな英語使うの？』研究社出版（1997）
『英語コミュニケーション活動と人間教育』［共著］成美堂（2006）
『これでペラペラ！　帰国生イングリッシュ』［監修］小学館（2012）
『パワーアップ　フォニックスペンマン』［監修］浜島書店（2012）
『もしも、こんな英語の授業に出会っていたら？』三恵社（2014）

趣味：ギター・ピアノの演奏、ゴルフ・ボウリングなど

---

改訂版
もしも、こんな英語の授業に出会っていたら？
英語の「なぜ？」を解き明かす55の秘話

2015年12月20日　初版 発行

著　者　　各務　行雅

定価（本体価格1,600円+税）

発行所　　株式会社　三恵社
〒462-0056　愛知県名古屋市北区中丸町2-24-1
TEL 052（915）5211
FAX 052（915）5019
URL http://www.sankeisha.com

乱丁・落丁の場合はお取替えいたします。　　　　　©2015 Yukimasa Kagami
ISBN978-4-86487-431-1 C1082 ¥1600E